なぜ屋根は飛ぶのか？

実証された本当の理由

知られざる
内部空間圧力
の影響

扶桑社

はじめに

　近年、日本では台風やゲリラ豪雨、線状降水帯等の自然災害が常態化しています。それに伴い、建物への被害も様々な形で発生し、しかもその程度は甚大となってきました。そうした自然災害による損害は、従来では考えられないほど大きくなり、その内容も複雑なものになってきています。

　特に2019年の「令和元年房総半島台風」とも呼ばれる台風15号は、記録的な暴風をもたらし、被害総額4600億円（損保協会HPより）を超える甚大な建物被害を首都圏一帯に引き起こしました（巻末資料1参照）。

　それほどの被害があったにもかかわらず、専門機関では「千葉県内での本台風の観測風速は、建築基準法令に定める基準風速を上回るものではなく、土地形状、建物立地と経年等に影響は受けるが、風速自体では基準風速を上回る風ではなかった」と発表されました。

　しかし、実際には千葉県内各地域で想像を超える甚大かつ多様な建物被害が発生しています。私たちが現地の被害建物の損害状況を詳細に確認したところでは、特に屋根材、壁材などの仕上げ材に特徴的な被害が見られました。建築物の経年劣化に伴う屋根材のズレ、割れ等の潜在原因に起因するものや、屋根本体や役物（屋根の端部を納める部材）の固定釘の浮き上がり等を原因とする被害が多数報告されました。

こうした被害について、従来の定説では、屋根が強風にさらされることでいわゆる「負圧」が発生し、屋根材を浮き上がらせて飛散させるのだと考えられてきました。しかし、実際の被害現場では必ずしも「負圧」だけが原因とは考えにくい事例が数多くみられたのです。この状況を放置してしまえば、これからもまた同様の被害を招いてしまう恐れがあります。私たちは、ぜひとも根本的原因を究明する必要があると考えるに至りました。その切り口として着目したのが「内部空間圧力」です。

弊社は屋根・外装工事のエキスパートです。お客様の財産である「屋根・外装」を通して建築物の価値を高めることを信条としており、そのために屋根と屋根材についての研究、調査にも注力してきました。その一環として、従来から多種多様な屋根材の自然災害による被害の実態を調べるため、数多くの風洞実験を行っています。

その実証試験から、屋根に強風が吹くと、屋根瓦と野地板（下葺き材の板）の間の空間からの押し上げる力（内部空間圧力）と屋根瓦を外側から抑え込む力が生じ、前者の力が後者の力を上回ると屋根瓦が浮き上がり、外風に乗って飛散する、という現象が起きることを把握していました。また、瓦屋根のみならず、近年、幅広く普及している金属屋根材においても同様のメカニズムが生じることも確認しています。台風15号による屋根被害の多くも、この内部空間圧力がかかわっていると考えると、説明がつくのです。

近年は建物に高い断熱性・気密性を求められるようになり、屋根材仕上げ面でも二重折板や断熱屋根材、改修工事に伴う被せ工法等が多く採用されるようになりました。これからの屋根の被害軽減のためにも、従来の正圧、負圧の安全基準数値だけに留まらず、「内部空間」の圧力を体系的に係数化し、強度計算式に反映すること（建築基準法施行令第82条の5の規定に基づく告示第１４５８号の見直し）が必要になるはずです。さらには被せ工法による屋根の改修工事においても建築確認申請を義務化し、より安全で強固な屋根に進化させるべきではないでしょうか。

本書を通じて、そのような提言が業界内外を問わず、広まっていくことを願っています。

船木主税

装丁　小栗山雄司
DTP　生田敦

第1章

屋根被害の実態とそのメカニズム

Roof Damage and its Mechanism

1 2019年 台風15号の屋根被害の特徴と傾向

２０１９年に襲来した台風15号では、最大風速55ｍ／ｓが記録され、千葉県中心に首都圏周辺に甚大な被害を及ぼしました（巻末資料１参照）。

弊社の被害調査では、屋根面の取り合い部に使用される棟板金の飛散事例（写真１）をはじめ、化粧スレート（カラーベスト系）屋根材や瓦、折板屋根材等各種の屋根材や壁材、天井材に至るまで、幅広く多大な被害が確認されました。

以下に屋根の部位や仕上げ材ごとの被害の特徴を挙げていきます。

❶屋根の棟板金

屋根の棟板金には、下地材として木材や樹脂材を使用していることが一般的です。そうした下地材には加工した板金を被せて釘やビスで固定していますが、被害例を見ると、釘固定の場合は経年変化で徐々に釘が抜けていくケースや、下地材の腐食等で保持力が低下し飛散する場合が多いようです（写真１）。

写真１ 棟板金の飛散事例
屋根の取り合い部の棟では棟板金の飛散例も多く見られた。板金を留め付けた釘やビスが経年変化で抜けたり、下地材の腐朽で保持力が低下したりするケースもあった。

❷化粧スレート

化粧スレートでは、千葉県だけでなく近県の神奈川県や茨城県でも、釘で固定した部分から割れて飛散した現場が多く見られました（写真２）。過去の調査事例では、このように固定部から割れて飛散する事象を見たことがありません。首都圏を直撃した台風15号が、いかに近年まれに見る大型台風だったかを示しています。

❸日本瓦

日本瓦でも局所で数枚ずつはがれたり、ズレたりする事象が見られました。特徴的な現場では、１枚あたり約３kgある屋根瓦が該当建物から、道路を隔てた反対側の30m以上離れた高台にある建物の外壁にまで飛散するという事例も確認されました（写真３）。

建築基準法における基準風速内であっても、このように瓦が飛ぶ恐れがあるのです。

❹金属屋根材

折板系屋根材や瓦棒葺き屋根材での被害も多く発生しました。折板系屋根材（写真４）では、軒先側から折れ曲がっている事象も多数見られ、瓦棒葺き屋根材（写真５）では、ケラバ（妻

写真２ 化粧スレートの飛散事例　釘で留め付けた部分から割れて飛散していた。

写真３
日本瓦の飛散事例
建築基準法における基準風速内の台風であっても、瓦の割れやズレ、飛散が見られた。

写真４ 折板葺きの被害事例（板厚 0.8㎜）
折板屋根が軒先側からまくれ上がっている。

写真５ 金属の瓦棒葺き屋根材の被害事例
インターネット上の写真。金属の瓦棒葺き屋根材は、ケラバ（妻側）からの風により内部空間圧力が生じて変形・飛散。屋根ケラバ（妻側）からまくれ上がっている。

写真6、7 工場の被せ工法による大波スレート屋根の被害事例
インターネット上の写真。大波スレートに被せて施工した金属屋根材と既存の大波スレート屋根材ごとに飛散している。鉄骨造にかつて多く使用されていた、大波スレート屋根材の石綿（アスベスト）規制に伴い、産廃処分費が上昇した結果、最近では被せ工法の改修工事が多く採用されているが、施工に対して強度計算等の規制がないことから、同様の飛散事故が発生している。

写真８ 軒天井の被害事例
屋根面だけでなく、軒天井が飛散、破損する例も見られた。
（出典：「令和元年台風 15 号に伴う強風による建築物等被害現地調査報告（速報）」
令和元年 10 月 24 日　国交省国土技術政策総合研究所、国立研究開発法人建築研究所）

側）から飛散した事象もありました。そのほか工場の大波スレート屋根での被せ工法（前頁写真６、７）でも同様の事象が発生しました。

同じ方向からの風でも、その風を受ける建物の向き、屋根の部位により被害程度やその発生度合に違いが見られました。

被害のなかには屋根だけでなく、軒天井（写真８）や大空間の天井落下（写真９）や外壁材（写真10）の飛散も多数見られました。

近年では２００４年に観測史上最多の10個の台風が日本列島に上陸し、各地域で多くの甚大な被害をもたらしています。これらの台風による被害は全国で建物の全壊、半壊合わせて１万７０００棟を超えました（巻末資料２参照）。また、一般社団法人損害保険協会の発表では２００４年の台風18号の被害のみで風水災保険金３８００

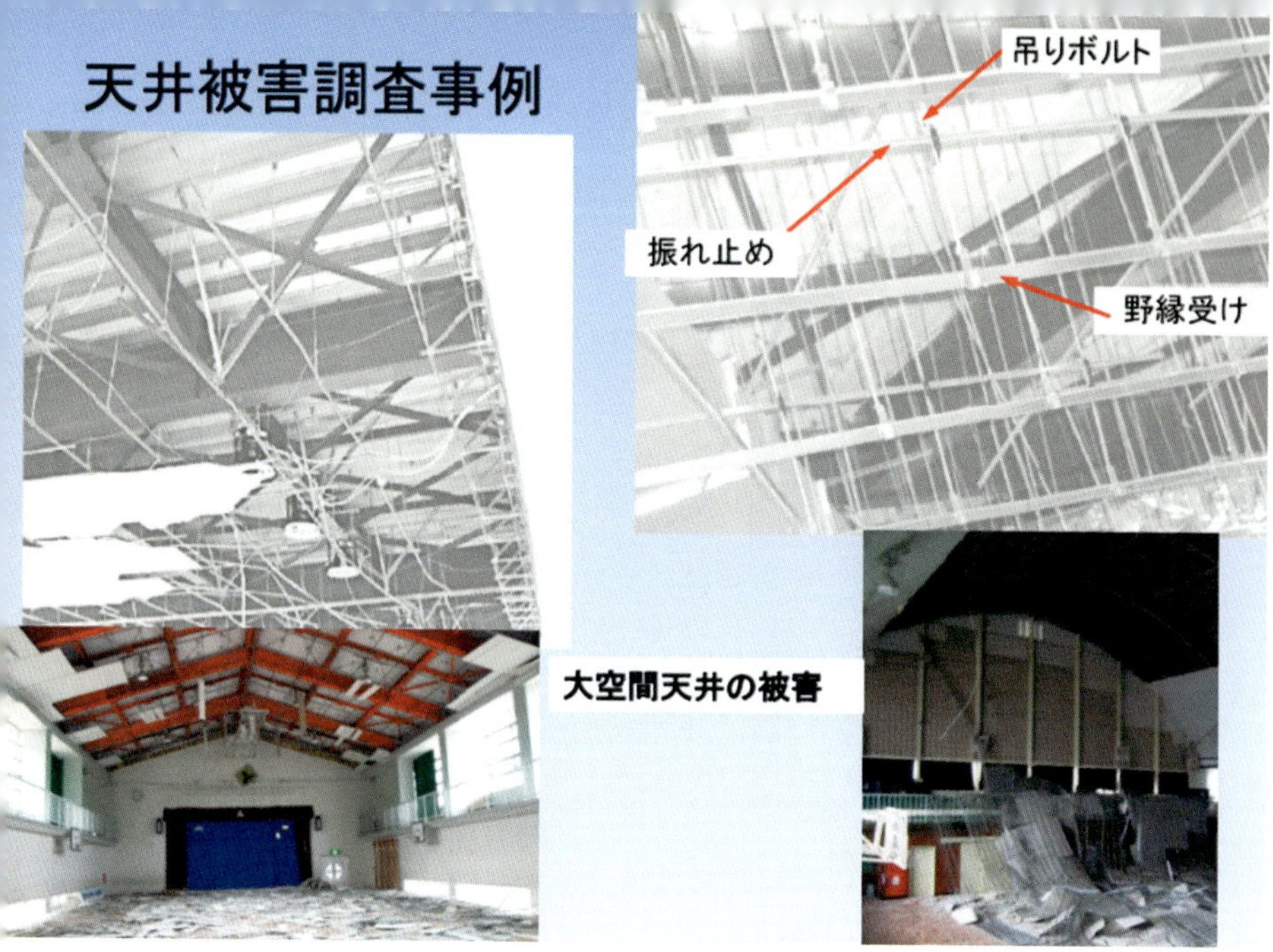

写真９ 天井落下の被害事例
強風の影響で室内側の天井材が落下する事例も発生した。

写真 10 外壁剥離の被害事例
外壁のサイディング材などが強風により剥離している。
（出典：「令和元年台風第 15 号に伴う強風による建築物等被害現地調査報告（速報）」令和元年 10 月 24 日 国交省国土技術政策総合研究所、国立研究開発法人建築研究所）

億円を超えました（巻末資料3参照）。自然災害の被害を最小限に食い止めるような、建物にすることが急務であるといえます。

2 大規模建築物の被害とその特徴

大規模建築物の場合、比較的新しいものであっても強風による被害が特に多く見られます。ある専門機関の報告では、被害実態に基づき、「強風防災において重要な示唆があり、被害原因を追究することで被害の低減策につなげることが重要だ」という指摘もありました。その結果、各専門機関は屋根材の飛散原因について一定の見解を示しています。

一方、2000年初頭の日本経済のバブル崩壊とともに建設不況となり、建設現場では価格が第一優先とされる状況に陥りました。設計仕様書に対して低レベル製品でも同等品と称し採用されるケースが多発しているような傾向が見られました。

そうした状況のもと、自然災害による折板屋根材における丸ハゼ折板や角ハゼ折板の被害事例が明らかになり、関連業界や各専門機関等では、強風被害の原因と対策が協議されるようになりました。

しかし、その多くは熱伸縮による金属疲労が原因だと報告するばかりで、有効な対策まで生み出せない状況が現在まで続いています。

以下に大規模建築物の特徴的な事例を紹介します。

例えば、日本風工学会誌第31巻第2号（通号第107号）2006年4月「2004年の強風災害の被害状況」では、専門委員による現地での原因調査を受け、そのほとんどが熱伸縮による「固定ボルトの金属疲労」が原因で屋根材が飛散したと報告されています。

❶兵庫県の播磨科学都市にある大型放射光施設の例

兵庫県にある世界最大の放射光実験施設には、直径500mのドーナッツ状の平面部分があります。そこに放射線状に葺かれたスパン30mの断熱二重折板屋根において、2004年の台風16号、18号の2度の強風により、屋根葺き材が捲り上げられました（写真11）。

観測された最大瞬間風速はそれぞれ38・1m／s、35・2m／sであり、折板を固定するボルトが破断して、軒先から折板が折り曲げられました。報告によれば「ボルト固定部分の折板に損傷が見られなかったことが特徴であり、これは固定ボルトが風荷重による屋根葺き材の浮き上がり事象にはほとんど抵抗しなかったことを示唆している」とのことでした。

飛散原因については、屋根の温度変動による上側金属折板の熱伸縮によって接合ボルトに繰

写真 11 兵庫県播磨科学公園都市（大型放射光施設）の被害事例
折板を固定するボルトが破断して、軒先から折板が折り曲げられていた。
（出典：「平成 16 年 8 月 30 日台風 16 号、9 月 7 日台風 18 号による Spring- 8　屋根の被害調査報告」
大阪市立大学大学院工学研究科　谷池義人
独立行政法人建築研究所　奥田泰雄
財団法人日本建築総合試験所　西村宏昭）

写真 12 山口情報芸術センターの被害事例
こちらは 2019 年 10 月の台風 17 号での被害状況。2004 年の台風 18 号でも同じ箇所が被害にあった。
（出典：日経 XTECH　2019 年 10 月 11 日
「15 年前にも飛散、台風 17 号で山口情報芸術センターの屋根がめくれる」 石戸拓朗）

り返し応力が掛かり、ボルトが金属疲労したことを明らかにしました。この原因は、「屋根材を固定する金具に機能するはずのスライド工法が性能を発揮しなかったことによると推定された。」と記載されています。

❷山口情報芸術センターの被害事例

２００３年竣工の幅30ｍ×長さ１７０ｍの屋根を持つ建物で、２００４年の台風18号で約半分の屋根葺き材が剥離、飛散しました。山口測候所では最大瞬間風速は50ｍ／ｓを記録しています。ここでは15年後にも同じ箇所が台風17号で飛散しています（写真12）。

屋根葺き材は幅45㎝×長さ30ｍ厚さ０・６㎜の鋼板で、吊子を介して端部では野地材である木毛セメント板、中央部ではモルタルにビスで固定されており、屋根葺き材はケラバ付近から剥離し始め浮き上がった屋根葺き材の下部に風が入って連鎖的に剥離させたと思われるという旨が記載されています。

飛散被害の原因は鋼板の熱伸縮によるネジ部の緩みと材料強度のバラツキが原因であると考えられました。その他に、直接の原因ではないが、ケラバ部の端部から屋根葺き材の下部に風が入るディテールであることの妥当性にも疑問が出されたと、記載されています。

❸滋賀県のホテルの被害事例

大スパンの建築物の屋根被害では、2004年台風6号による滋賀県のホテルの屋根が飛散した例もあります（写真13）。飛散した屋根材のため、新幹線の運行が7時間近く不通となりました（94本運休約11万2千人に影響）。

この事故が起きた日、彦根気象台によれば東南東の風15m／sしか吹いておらず、周辺では目立った被害は発生していません。しかしそんな天候状況であったにもかかわらず、9m×41mの重さ約7トンの屋根が数十m離れた新幹線の架線まで飛散しています。

この屋根は、既存の陸屋根の漏水を防ぐために、小屋組みを建てて屋根を葺く工法による改

写真 13 滋賀県内のホテルの被害事例
15 m /s ほどの風でも、9 m×41 mの重さ約7トンの屋根が数十m離れた新幹線の架線まで飛散。
（読売新聞社提供、2004 年 6 月 22 日朝刊）

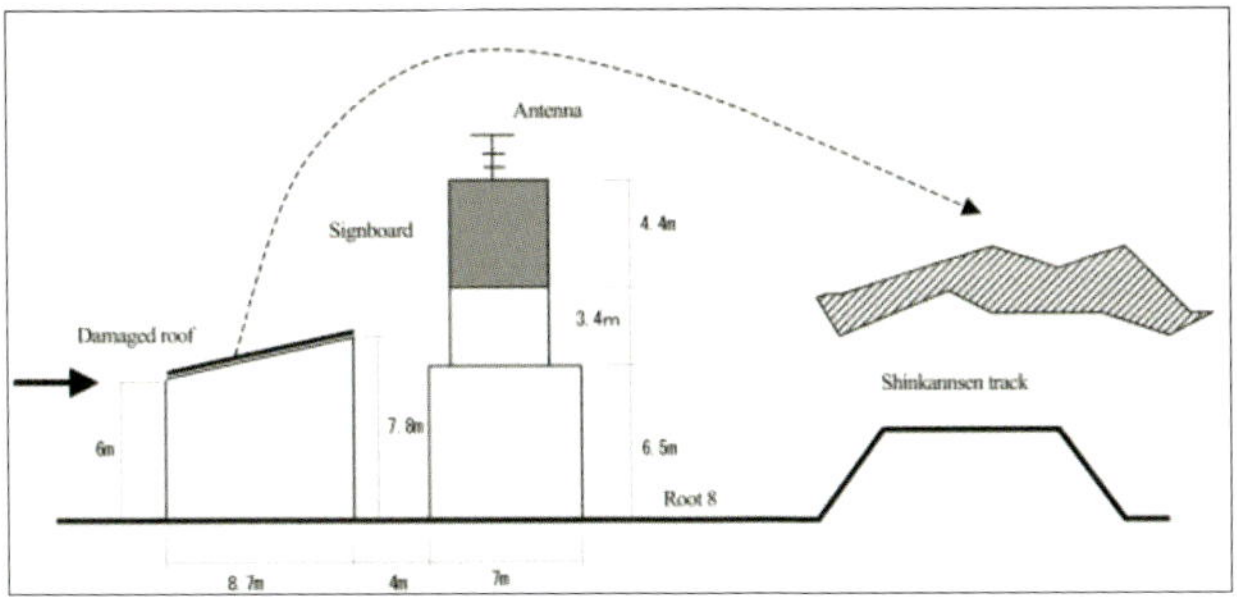

飛散事故の際の状況を表わした模式図
（出典：京都大学防災研究所年報第 48 号 B 平成 17 年 4 月「台風 0406 号による近江八幡市ホテルの屋根の被害」河井宏允、西村宏昭）

修工事として設置されたものです。ちなみに同工事は、改修工事のために、建築確認の義務が生じない外装材と判断されています。飛散原因は、杜撰な工事が原因であると報告されています。

なお前述した報告書では「改修された屋根の飛散風速を力の釣り合いから推定したところでは当初意図されたとおりに固定強度が発揮されたとすると、建築基準法に規定された構造骨組み用風荷重から推定される飛散平均風速は23・5m／sであるが、飛散時のビスの状況から考えると20m／s程度であると考えられる。又建築基準法に規定された外装材用風荷重から推定される飛散平均風速は上記値の約6割の13・5m／s程度になった。これらの飛散平均風速の推定値はいずれも建築基準法で定められた設計風速25m／sよりも小さい。なお飛散平均風速の推定には、健全なビスの強度計算に基づいた引き抜き強度を用いており、飛散時の状態から考えると、実際のビスの強度は試験値よりも小さいと推定され、現実の飛散風速は上記の値よりもさらに小さいのではないかと思われる」という旨が示されています。

なぜ設計風速より小さい飛散平均風速で、既存屋根に被せ工法により施工された屋根材が飛散したのでしょうか？　しかも小屋組みがバラバラに破損することもなく……。

また、周辺では目立った被害はなく当建物だけが大きな被害となったのはなぜなのでしょうか。これらの疑問については第2章にてさらに追究していきます。

3 屋根が飛散する本当の原因は？

ここまで紹介した大規模建築物の被害事例の報告を契機にして、各専門研究機関では、大スパンに使用される金属屋根の飛散事故を予防するために、金属屋根折板の熱伸縮実験や強度試験を実施し、鋼板製屋根の吊子の温度荷重に対する評価方法を検討するという方針が掲げられました。しかし、実験での確証を得ないまま、最終まとめとして「熱伸縮による金属疲労が原因」と報告されているのが実態です。

瓦棒葺き屋根材の飛散報告では、「鋼板の熱伸縮によるねじれ部の緩みと材料強度のバラツキ」が原因であると報告されました。その中で、直接の原因ではないがケラバ部の端部から屋根葺き材の下部に風が入るディテールであることの妥当性にも疑問が出されたと記載されています。たしかに被害調査委員の人達は、建築に詳しい専門家です。しかしながら、仕上げ材である屋根材や壁材のような各納まり「ディテール」に飛散事故原因があることを理解されているようには思えません。従来、屋根被害については、建物の屋根に風が吹くと屋根材を持ち上げようとする力「負圧」が働き飛散すると考えられてきました。ですが、このようなケースの場合、「負圧」のみを問題点とした考え方だけでは説明しきれません。別の要因が影響していると考えるのが合理的ではないか。２０１９年の台風15号の被害調査も経験して、そのような見解を持つに至ったのです。

その後も建物屋根、軒回り、外壁などを中心に甚大な被害を及ぼす台風は、毎年のように日本列島に複数回襲来し、全国各地に深刻な被害の爪痕を残しています。

もちろん国も業界も手をこまねいているわけではありません。一般社団法人日本金属屋根協会や国立研究開発法人建築研究所のような専門機関や研究所では、被害の原因究明や被害軽減に向けた調査研究に取り組んでおり、屋根材の強度や取り付け方法、折板における温度伸縮について注意喚起を行っています。

２０１９年の台風15号の被害を踏まえ、２０２０年12月7日には、各都道府県建築行政主務部長宛てに「屋根葺き材、外装材及び屋外に面する帳壁の構造方法を定める件等の改正について（技術的助言）」が発表されました。その中で、２０２０年国土交通省告示第１４３５号「屋根葺き材、外装材及び屋外に面する帳壁の構造方法を定める件の

折板屋根葺き材の温度伸縮実験の様子
（出典：「BRI-H18 講演会テキスト　強風被害で顕在化した屋根ふき材の構造安全」奥田泰雄・喜々津仁密）

一部を改訂する件」が発表されています。

この告示に伴い、2022年1月から改正された「瓦屋根標準設計・施工ガイドライン」が、発行元の「社団法人全日本瓦工事業連盟」の資料として発表されました。この「瓦屋根標準設計・施工ガイドライン」に沿って瓦屋根材の全面固定を行えば、弊社での実験結果からも確認できているとおり、風による被害は減少していくと判断されます。

ただその一方で、屋根材の飛散の詳細なメカニズムについては究明できていないのも事実です。最近では、インターネット、スマートフォンの加速度的普及で、被害現場の詳細な撮影が容易となり、台風による屋根材飛散の動画が一般の方々からも多く発信されています。

これらの動画を見ると、屋根材の飛散は風の当たる面にかかった「正圧」によって剝がれていき、吹き飛んでいく様子がうかがえます。従来の定説では、風が当たる反対側の屋根面で「負圧」によって浮き上がっていくはずなのですが……。実際には、その理屈とは違った現象が起きているようです。基準風速に満たない風速で飛散した事例や、屋根材メーカーの試験値以下で飛散する事例の場合にも、同様の現象が起きているのを、私たちは屋根の補修・調査の現場で目の当たりにしてきました。

屋根が飛散する事象について、根本的な要因を解明しない限り、屋根の安全は守ることができません。仕上げ材の経年劣化を原因とするのか、各製品、部品の強度が影響するのか、さらには根本的な耐風圧強度計算に不具合があるのか。

屋根の補修や調査を通じて芽生えた、そうした問題意識のもと、私たちは、屋根施工の基準となる建築基準法令上の風荷重計算について、自ら実際に検証していくことにしたのです。

4 法令上の風荷重計算とは

ここで、現行の屋根施工の基準となっている、屋根材の「建築基準法の風荷重」計算についても触れておきましょう。

屋根材の「建築基準法の風荷重」計算は、屋根葺き材の強度計算式の「仕様規定」と「構造計算規定」で構成されます。建築基準法施工令第82条の5の規定に基づき2000年度建設省告示第1458号で規定する計算を基本として、積雪等に対応する押さえつける力（強度）を「正圧」、風により捲り上げる力（強度）を「負圧」とした計算式で構成されています。そして現在では、その計算式により構造安全性を確かめる必要がある建築物と、構造計算そのものが課されていない建築物があります。

現在の建築基準法における屋根に求められる強度計算としては、（一社）日本金属屋根協会

瓦の緊結方法に関する基準の強化（昭和46年建設省告示第109号）

国土交通省

【スケジュール】 公布：令和2年12月7日　施行：令和4年1月1日

改正の概要

建築物の瓦屋根に係る現行の仕様基準（S31年に政令に規定、S46年に告示に移行）を改正し、業界団体※1作成の「瓦屋根標準設計・施工ガイドライン」の仕様を義務化する。

＜主な改正事項＞

	改正前		改正後
（緊結箇所）	軒、けらば（端部から2枚までの瓦） むね（1枚おきの瓦）	⇒	軒、けらば、むね、平部の全ての瓦
（緊結方法）	銅線、鉄線、くぎ等で緊結	⇒	瓦の種類、部位、基準風速に応じた緊結方法を規定

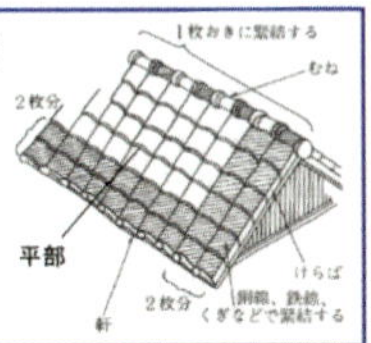

改正告示概要

瓦屋根は、以下の緊結方法又はこれと同等以上に耐力を有する方法でふくこと。ただし、平成12年建設省告示第1458号に従った構造計算によって構造耐力上安全であることが確かめられた場合はこの限りでない。

緊結箇所		全ての瓦
緊結方法（※2）	軒、けらば	3本のくぎ等（くぎ*又はねじ）で緊結
	むね	ねじで緊結
	平部	くぎ等で緊結（詳細は下表参照）
耐久性		屋根ふき材・緊結金物にさび止め・防腐措置をすること

*容易に抜け出ないように加工したものに限る。

＜平部の瓦の緊結方法＞

瓦の種類＼基準風速V_0※3	30m/s	32～36m/s	38～46m/s
F形	くぎ等1本で緊結	くぎ等2本で緊結	使用不可
J形、S形	くぎ等1本で緊結	くぎ等1本で緊結	使用不可
防災瓦（J形、S形、F形）	くぎ等1本で緊結	くぎ等1本で緊結	くぎ等1本で緊結

桟瓦の種類

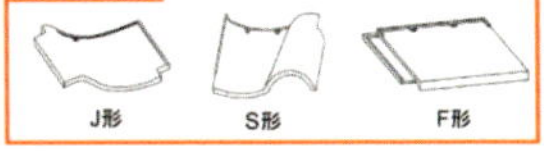

防災瓦（J形・組み合わせぶき**）

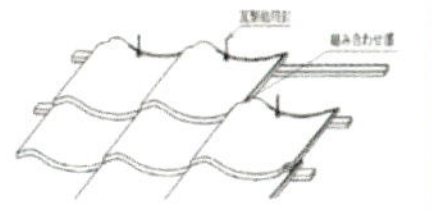

**フックその他これに類する部分によって構造耐力上有効に組み合わせる方法

※1 （社）全日本瓦工事業連盟、全国陶器瓦工業組合連合会、全国厚形スレート組合連合会　※2 緊結強度は銅線、鉄線＜くぎ＜ねじ　※3 平成12年建設省告示第1454号に規定

が作成した「平成12年建設省告示第1458号に基づく屋根材の強度計算ソフト」が販売されています。

なお、同ソフトは、金属屋根材の断面2次モーメント・断面係数を入力し、強度等、後述の①から⑦の数値を入力することで、建設地域での屋根材の安全性が確認されるソフトです。屋根（仕上げ材）を積雪や風で押さえつける力を「正圧」と考え、捲り上げる力を「負圧」とし、マイナス表示となっています。

現行「建築基準法の風荷重」の構造計算は、**①風圧力、②設計用速度圧、③平均風速係数、④ピーク風力係数、⑤負のピーク外力係数**をそれぞれ入力し、**⑥建築条件、⑦母屋のピッチや折板強度（断面二次モーメント）**等から

構造計算により構造安全性を確かめなければならない建築物

木造建築物	階数３以上のもの、延べ面積が 500㎡、高さが 13m もしくは軒の高さが 9m を超えるもの
木造以外	階数２以上のもの、延べ面積が 200㎡を超えるもの

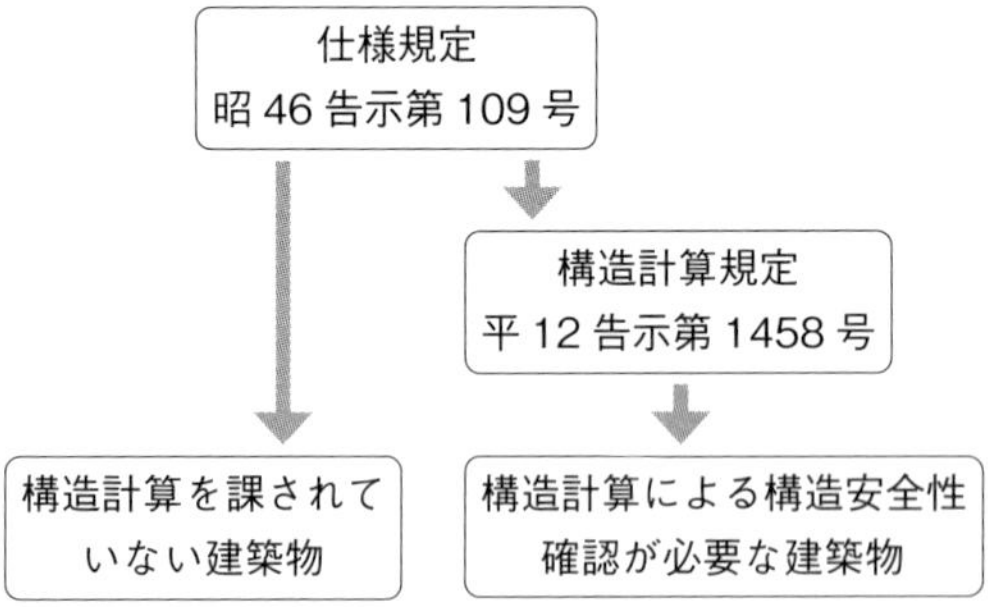

外装材等の規定の適用

算出されています。

このような強度計算をしているにもかかわらず、屋根材の飛散事故が顕著に発生するのはなぜでしょう。それは、現在の屋根強度計算では、弊社が実証実験を通じて究明した、「内部空間圧力」による屋根飛散のメカニズムが考慮されていないからだと私たちは考えています。具体的な提言については、第2章にて触れたいと思います。

5 屋根被害の根本的な原因を究明する

現行の建築基準法上の強度計算のもと、弊社では、屋根材の設計や施工及び、各種屋根材の飛散損害の調査に40年以上の経験を積み重ねてきました。しかし、２０１９年以降の台風のような強風を原因とする屋根材の飛散損害が、以前より複雑

〔平成12年5月31日建設省告示第1458号〕

屋根ふき材及び屋外に面する帳壁の風圧に対する構造耐力上の安全性を確かめるための構造計算の基準を定める件

建築基準法施行令（昭和25年政令第338号）第82条の5の規定に基づき、屋根ふき材及び屋外に面する帳壁の風圧に対する構造耐力上の安全性を確かめるための構造計算の基準を次のように定める。

1　建築基準法施行令（以下「令」という。）第82条の5に規定する屋根ふき材及び屋外に面する帳壁（高さ13mを超える建築物（高さ13m以下の部分で高さ13mを超える部分の構造耐力上の影響を受けない部分及び1階の部分又はこれに類する屋外からの出入口（専ら避難に供するものを除く。）を有する階の部分を除く。）の帳壁に限る。）の風圧に対する構造耐力上の安全性を確かめるための構造計算の基準は、次のとおりとする。

表2　屋根面の正圧部のGpe

H / 地表面粗度区分	(1) 5以下の場合	(2) 5を越え、40未満の場合	(3) 40以上の場合
Ⅰ	2.2	(1)と(3)とに掲げる数値を直線的に補間した数値	1.9
Ⅱ	2.6		2.1
Ⅲ及びⅣ	3.1		2.3

この表において、Hは、建築物の高さと軒の高さとの平均（単位　m）を表すものとする。

表3　切妻屋根面、片流れ屋根面及びのこぎり屋根面の負のピーク外圧係数

θ / 部位	10度以下の場合	20度	30度以上の場合
 の部位	-2.5	-2.5	-2.5
 の部位	-3.2	-3.2	-3.2
 の部位	-4.3	-3.2	-3.2
 の部位	-3.2	-5.4	-3.2

この表において、部位の位置は、次図に定めるものとする。また、表に掲げるθの値以外のθに応じたピーク外圧係数は、表に掲げる数値をそれぞれ直線的に補間した数値とし、θが10度以下の切妻屋根面については、当該θの値における片流れ屋根面の数値を用いるものとする。

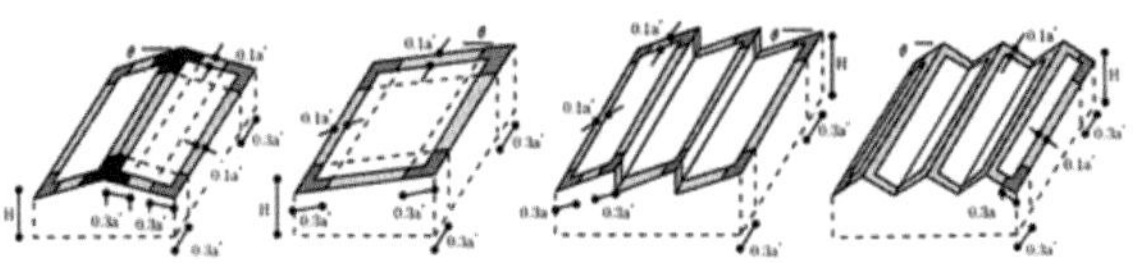

この図において、H、θ及びa'は、それぞれ次の数値を表すものとする。

H　建築物の高さと軒の高さとの平均（単位　m）

θ　屋根面が水平面となす角度（単位　m）

a'　平面の短辺の長さとHの2倍の数値のうちいずれか小さな数値（30を超えるときは、30とする。）（単位　m）

化し、かつ大型化してきたことにより、屋根材の製品の品質や、建築基準法上の強度計算、同施工方法等をもとに飛散メカニズムの根本的要因を究明、検証する必要性が求められる時期になったと判断するに至りました。弊社独自で各種製品の品質、屋根施工法等を検証し、より安全・安心な建築物の製品、施工等を提言していく決意を固めたのです。

続く第2章では「ジェットエンジン送風機」を用いた自社工場での風洞実験をはじめとして様々な屋根仕上げ材の強度実験を反復試行した経緯と、そこで判明した「内部空間圧力」の影響についてお伝えします。

また第3章では、弊社での具体的な風洞実験の詳細を順次説明し、第4章では風洞実験以外の弊社独自の各種実験事例を紹介します。建築基準法令の強度計算とは別次元で、人為的要素の介入度の有無を理論的に解明する事例実験も実施しました。

第5章では趣を変えて、屋根被害に伴う、損害保険会社、損害鑑定会社との連携強化の取り組みについてお伝えしたいと思います。現在は弊社での実験検証に基づく「意見書」作成等、専門会社としての対応力の拡充を進めているところです。

日本の屋根をよりよいものにするための意見、提案を本書より読み取っていただければ幸いです。

屋根コラム　屋根にまつわる用語①

【ケラバ】

屋根には独特な名称で呼ばれる部位があります。そのひとつが「ケラバ」。切妻屋根や片流れの屋根の正面から見たときの屋根の妻側を指します。通常は屋根材や破風板、水切りなどで納まっており、雨樋を必要としない部分です。

由来については、建物正面から見たときに昆虫の「オケラ」が短い羽を広げた形に似ているから、という説もあるようです。ちなみに、同じ屋根の端部で水下側の水平部になっていて、雨樋が取り付けられている部分のことを「軒」といいます。どちらも風雨が当たりやすく劣化が進みやすい部分なので、特にメンテナンスには留意したい部位です。

うだつの例。出典：うだつの町並み（徳島県美馬市）

【うだつ】

出世しないとか金銭に恵まれない、生活が良くならないというような意味で「うだつが上がらない」という表現があります。この「うだつ」も屋根の部位です。「うだつ」とは、建物の両側に張り出した小屋根付きの袖壁のこと。装飾や防火壁として長屋建ての境に取り付けられていました。うだつを上げるためにはそれなりの出費が必要だったことから、これがある家は裕福だということで、逆に「うだつが上がらない」ということは、経済的に恵まれない意味合いになったといわれています。

国内の各地域で見られますが、徳島県美馬市脇町や徳島県つるぎ町貞光、岐阜県美濃市美濃町などには「うだつの町並み」が残っていて、観光名所となっています。

第2章

屋根飛散のメカニズムの謎に挑む

Tackling the Mystery of Roof Scattering Mechanisms

1 屋根被害に関する4つの謎

第1章では、屋根の被害の実態をお伝えしました。現行の建築基準法では屋根に関する強度計算等が定められていますが、私たちは調査を通じて以下の4点の疑問を持ちました。

①屋根材の飛散は、従来からの定説とされている「負圧」によるものなのか。

②現行法令基準の風速に満たない風、またはメーカー基準値未満の風速しかない場合でも、なぜ屋根材が飛散するのか。

③屋根材の飛散は、屋根材製品やその部品に、品質強度の問題があったり、経年劣化が起きているせいなのか。

④建築基準法上の強度計算に沿って施工されているはずの屋根で、なぜ飛散が発生するのか。

これらの疑問や謎を究明するにあたって、私たちは「屋根材飛散の原因は現在定説とされているもの以外にも存在するのでないか」という仮説を立てました。そこで、まだ知られていないその原因を突き止めるため、社内で独自に風洞実験を行うことを決めたのです。

現在、国内の公的風洞試験機関では、最大風速は約60〜70m/sが限界とされています。各屋根材メーカーもその風速に耐えうる製品、同部品の開発を進めてきました。

しかし、現場調査では、その地域の基準風速がメーカー基準の風速に満たないケースや、設計時に想定した最大風速に満たないはずのケースでも、屋根材が飛散する事例が数多く見られました。

前述の４つの謎を解明するためには、実際に屋根材が飛散する風力とその瞬間のメカニズムをぜひともとらえたい。そして、そのときの風速、変位、飛散破損状況を実証したい。しかし、それまで弊社で行った実験において、最大風速約60～70ｍ／ｓでは屋根材は飛散しないことをすでに確認していました。屋根材をメーカー基準のマニュアルどおり施工した試験体を飛散、破損させるには、それ以上の風力が必要だったのです。

これまでにない風力の風洞実験を可能にする機材にはどんなものがあるのか。どうしたらそんな風力を使えるようになるのか。まずはそこから出発することになりました。

2 なぜ弊社が検証することになったか

弊社は屋根材の商品開発に長年関わってきました。その経験や見識の蓄積から、屋根材製品及びその施工方法については、数多くの特許を保有しています。

これまで屋根材の飛散による破損については、自社の開発商品以外はあまり意識していませんでした。しかし、２０１５年頃から損害保険会社が扱う台風等による風災損害の原因を中心とした現場調査の依頼が増え、屋根材の飛散現場へ出向く機会が多くなってきました。またマスメディア等を通じて、火災保険で台風等の強風損害も担保されることが従来以上に広く知られるようになってきたという背景もあります。

屋根材の飛散、破損現場を実際に調査する機会が増加するにつれ、私たちは「なぜ今回の台風でこの飛散・破損事象が発生するのか?」、「経年劣化や人為的要素を疑われる事象で損害保険会社は保険金を支払うのか?」といった問題意識を次第に持つようになりました。

特に2019年の台風15号、19号以降では、いわゆる「特定修理業者」と称する自称屋根工事専門業者（実際には工事はせず修理見積書だけ作成するコンサルタント業務）が介入し、保険契約者との修理トラブルや、損害保険会社との訴訟に発展するケースが発生するようになりました。一般社団法人日本損害保険協会や公益社団法人日本損害鑑定協会もホームページやマスメディアを通じ、保険契約者に警鐘を鳴らして注意喚起を促す事態に発展しています。

実際に数多くの現場調査では、いわゆる「特定修理業者」が関わる人為的要素が介在する屋根の飛散、破損損害が多く見られました。具体的にいえば、強風被害を装い、人為的に工具などを使って屋根を破損させた痕跡が残っている損害や、自然風では起こり得ないであろう破損具合などです。

台風等の強風による屋根の損傷が、自然災害によるものか、自然災害を装った詐欺まがいの人為的なものなのか。私たちが長年関わってきた経験も踏まえ、確たる根拠に繋がる実験・実証を試みることで、屋根損害の発生メカニズムを検証し、より正確な見極めができるのではないか。そう判断し、風洞実験に着手する決断に至ったのです。

3 風洞実験のための機材を購入

風洞実験とは、対象に風が当たる状況を再現して行う実験のことです。空気の流れや物体に働く力を測定することで、航空機や自動車などの分野では、機体の設計の最適化や安全性の向上などのために恒常的に行われています。

屋根業界ではこれまでになかったレベルの風力による風洞実験を実施するため、当社のスタッフは、研究機関やメーカー各社など、あらゆるつてをたどって、検証する方法、手段を探求しました。すると、兵庫県神戸市内にある会社（有限会社フォックスコーポレーション）が、小型飛行機のエンジンを取り扱っていることを知り、2021年3月2日に訪問することになりました。

その会社では、航空機用の実験用機材のため、小型機のエンジンも取り扱っていたのです。

その会社の代表者・橋本博之氏によれば「自社では風速出力は調べたことはないが、相当の強い風速は出るだろう」とのこと。購入額が高額であること、エンジン駆動時の安全対策と騒音対策などが懸念されましたが、屋根の安全には代えられません。２０２１年5月19日に私は再度訪問して、エンジンの購入を決意しました。

同年7月21日には実験に使うセンサー類も含めて弊社に機材が納入。操作方法の指導を受けて、試験運転にこぎつけました。

その後、慎重な試験運転が功を奏し、なんと風速１００ｍ／ｓ以上の強風実験が可能となったのです。加えて周辺計測機器も整備し、次章以降に示すような数多くの実験を実施することができました。いくつもの試験を重ねて試行錯誤した末、遂に私たちは風による飛散・破損事故を引き起こす主原因を突き止めたのです。

それは、強風によって屋根材と下地材の間に「内部空間圧力」が上昇すること。この仕組みが実証されたことにより、屋根被害発生の新たなメカニズムを発見することができました。

この発見が契機となり、各損害保険会社、損害鑑定会社に対して、当社では屋根損害の発生メカニズムについての研修を提供したり、「屋根飛散の原因の意見書」「訴訟事案における屋根飛散の陳述書」なども作成することにもなりました。

風洞実験のために購入した小型無人飛行機用「ターボジェットエンジン JB220」(ehotec社製：ドイツ）による送風機。風速はＭＡＸ 120 m／s（当社測定値)。

そして２０２４年12月に、新たに「ダクテッドファン」の購入を決め、２０２５年２月に導入設置しました。今後は、より一層実験の幅を広げて様々な事案に対応して行きたいと考えています。

このような実験をもとに、国民生活センター等公的機関をはじめ一般消費者、保険契約者に向けて、屋根被害を防ぐための情報発信にも取り組んでいます。

当社としても、こうした啓蒙活動を通して屋根の安全、品質向上にわずかであるとも貢献できたという手応えを得て、社内全体のモチベーションも大いに高まることとなりました。

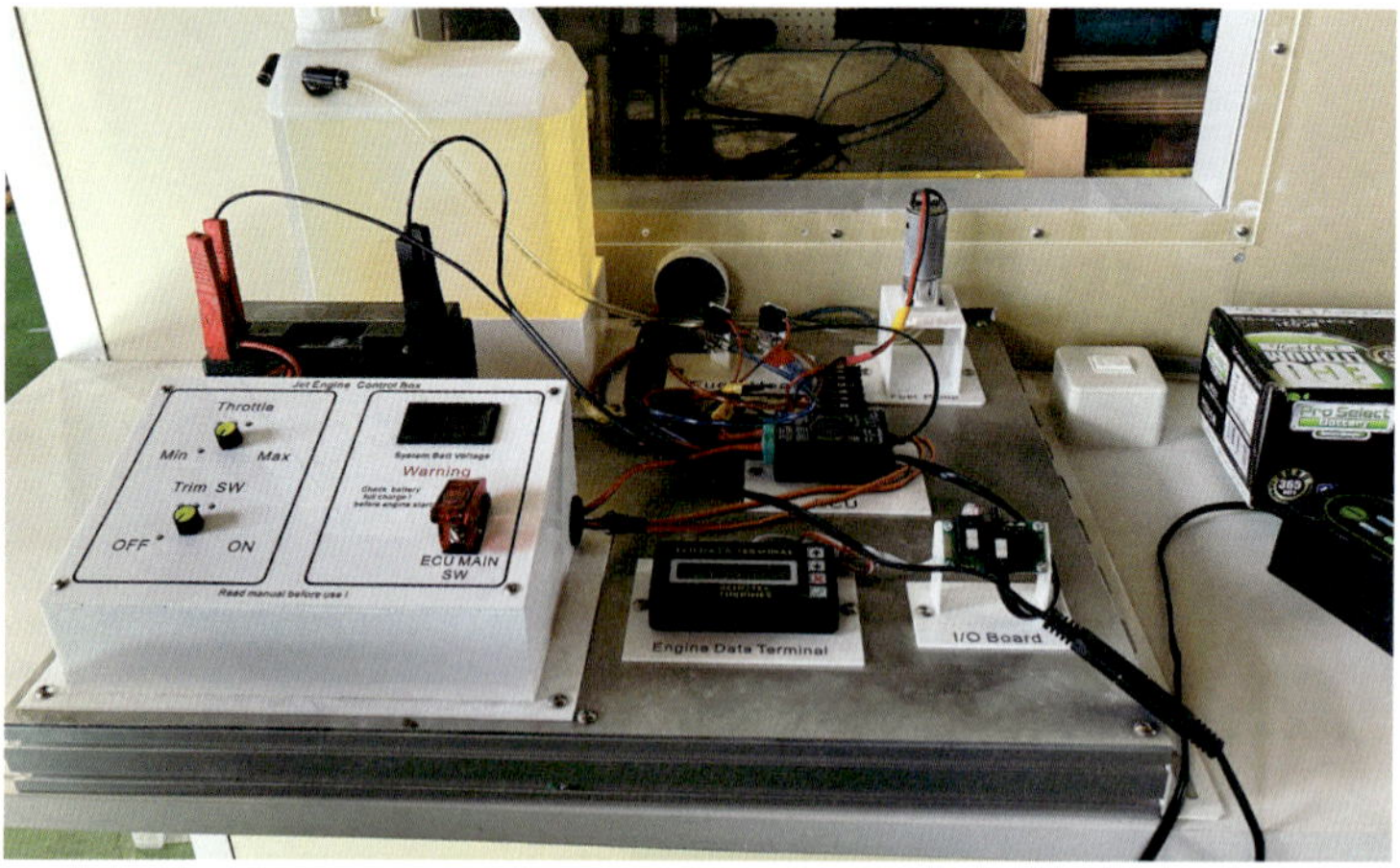

ジェットエンジンの起動・静止、出力調整、温度等を操作・管理するコントロールユニット。

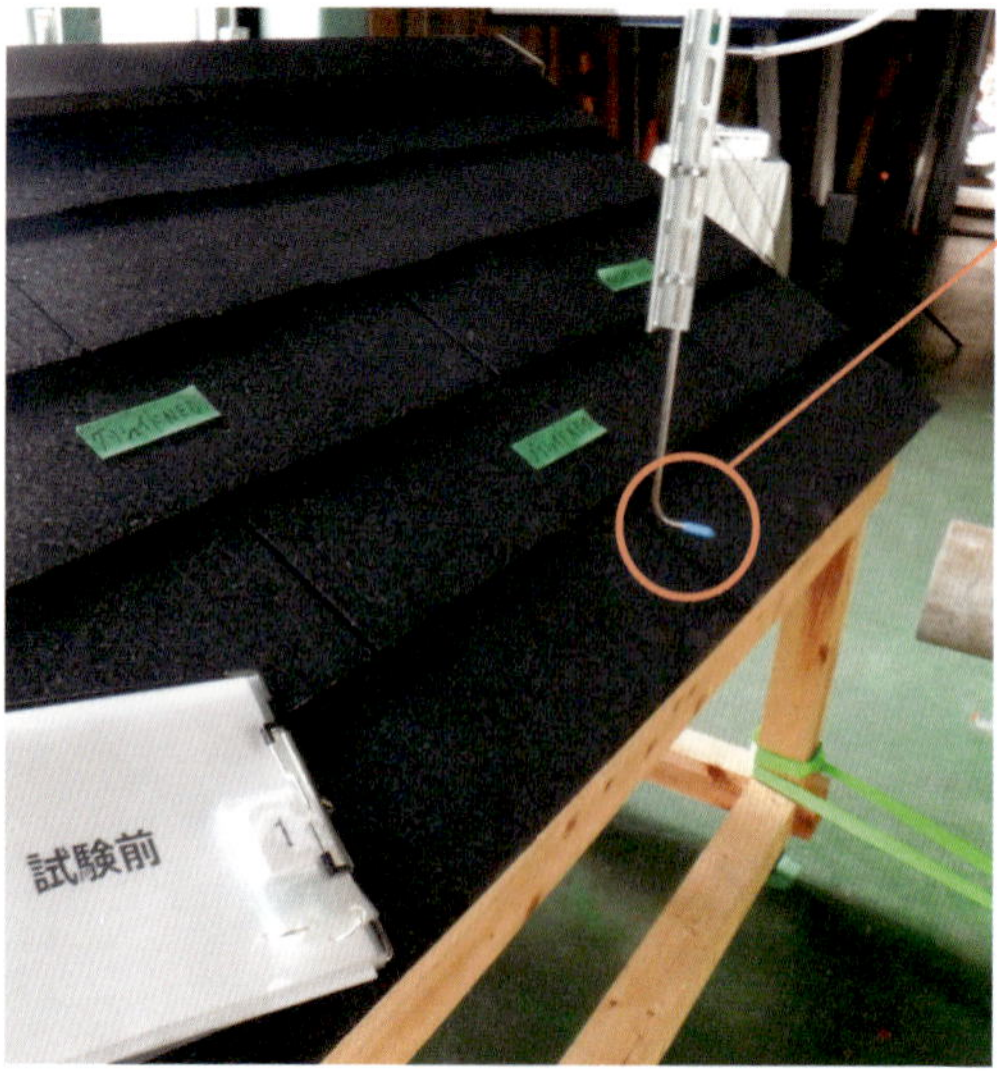

風速計「L型ピトー管　型番0635 2045」〈先端の孔から全圧を、側面の孔から静圧を検出し、全圧と静圧の差（動圧）をもとに、ベルヌーイの定理により風速を算出する〉

風洞実験における化粧スレート屋根材のモックアップの例。

金属屋根の風洞実験の様子。計測した数値はパソコンで即時処理。同時に動画で経過を撮影した。

屋根コラム　屋根にまつわる用語②

【こけら落とし】

「こけら落とし」とは、一般的には新たに建てられた劇場やホールで初めて行われる催しのこと。「こけら」とは、建築により発生した削りかす、または狭義では屋根を葺くのに使う薄い板のことを意味します。屋根の施工が終わって残った「こけら」を払い落として建物の完成とすることから、建物のお披露目の意味合いで「こけら落とし」という表現が用いられるようになったそうです。

なお、「こけら」を漢字で表すと「杮」となります。果物の「柿」とよく似ていますが、つくりの部分が違います。「柿（かき）」は、「市場」の「市（亠＋巾）」ですが、「杮（こけら）」は、「亠」と「巾」に分かれておらず、縦棒が突き抜けています。

屋根葺き工法として、「こけら葺き」と呼ばれるものもあります。代表的な建物では、鹿苑寺舎利殿「金閣」や慈照寺「銀閣」などに採用されています。「サワラ」という木の板を薄く加工して、竹釘で葺きあげていく工法です。

ススキやチガヤ、ヨシ、藁などの材料で葺くと、「茅葺き屋根」といいます。白川郷・五箇山の合掌造り集落が有名です。

またヒノキの皮で葺いたものは「檜皮葺《ひわだぶ》き」といいます。京都の清水寺本堂などがよく知られています（P76～81参照）。

第3章

検証を重ねて明らかになった、内部空間圧力の影響

Effects of Internal Space Pressure Revealed by Repeated Verification

ジェットエンジン送風機をはじめとする実験機器を入手した私たちは、その整備に注力するとともに、各種屋根材のモックアップサンプルなど、風洞実験に必要な準備を整えていきました。「一刻も早く実験に着手したい」。このようにはやる気持ちを抑えつつ、急ピッチで資材を用意していき、ようやく準備が終了し、まずは屋根仕上げ材別の実験を始めました。

1 屋根瓦の風洞実験―内部空間圧力という仮説―

最初に実施したのは、日本でもポピュラーな屋根仕上げである瓦を葺いた屋根の風洞実験です。和形の屋根瓦に対して水下側（軒先側）から風を当てました。

屋根瓦に対して直線的に風速120m／sまで出力を上げましたが、屋根瓦は全く動く気配はありません。むしろ強風によって屋根瓦が上面から押さえつけられている様子が見られました。

この現象は、屋根面の裏面内部に風が吹き込むことがなく屋根瓦先端部のR形状部に風が当たることにより、屋根瓦を上から押さえつける「正圧」力が影響していると考えられました。

2回目の実験では、和形の屋根瓦を実際の住宅等で施工されている組みサンプルとして作成。瓦の重ね方向（軒先に対して角度60度）から風を当てました。

瓦屋根の風洞実験１回目の様子
和形の屋根瓦に対して水下側（軒先側）から風を当てた。風速120m/sでも動く気配はなかった。屋根瓦を上から押さえつける「正圧」力の影響と考えられる。

風速１００ｍ／ｓを超えると、屋根瓦には少し動きが出始め、１０５ｍ／ｓを超えると一気に浮き上がる事象が見られました。約３kg／枚の重い瓦がそれぞれカタカタと風に揺らされるのではなく、一斉に浮き上がるという事象を目の当たりにしたのは、私たちの長い経験上でも初めて見る光景でした。

２回の実験で私たちが変えたのは、風向きの「角度」です。

最初の実験では、瓦屋根の軒先部に直角方向の風を当てても変化が見られなかったので、２回目の実験では、瓦の重ね方向（軒先に対して角度60度）から風を当てることにしました。こうすれば屋根材は風力によってまくれて飛散するだろうと予測をしたのです。

瓦屋根の風洞実験 2 回目の様子
写真は風速 101.75m/s の時点の様子。風速 100m/s を超えると、屋根瓦に動きが出始め、105m/s を超えると一気に浮き上がる事象が見られた。

ところが2回目の実験では、瓦が下（瓦裏面方向）から浮き上がる事象が確認されました。もしかしたら、瓦の重ね方向斜め下部（今回の実験では軒先に対し角度60度：瓦本体の左斜め下）の隙間より風が瓦屋根裏面と野地板間の空間に入り込み、そこの空間に発生した「内部空間圧力」が影響しているのではないか。このような仮説を立てました。

そこで3回目の風洞実験では、瓦裏面と野地材との間の内部空間の体積を小さくし、「内部空間圧力」が高まりやすい状況をつくろうと、瓦と野地材の間に仕切り板を取り付け、2回目の実験同様に瓦の斜め左下の方向から風を当てることにしました。

瓦屋根の風洞実験 ３回目の様子
瓦と野地材の間に仕切り板を取り付け、内部空間を小さくしてから、２回目の実験同様に瓦の斜め左下の方向から風を当てた。86 m／sの風速域で屋根瓦が浮き上がって飛散した。

すると、3回目の実験では、86m／sの風速域で屋根瓦が浮き上がりました。2回目（105m／s）よりはるかに早い段階で、内部空間側から浮き上げられた瓦が直接的に風に乗り、飛散する事象が確認されたのです。

その後、3回目以降も送風位置を変えて実験を重ねていきましたが、瓦屋根の場合には、重ね方向からの風以外では飛散・ズレ等の変化は見られませんでした。

重ね方向から風が当たると、瓦と野地材の間の「内部空間圧力」が上昇し、瓦表面側の風圧力（正圧）を上回ったときに瓦が浮き上がり、その浮き上がった瓦に直接的に風が当たることによって、瓦が風上側から見て正面（重ね方向の反対側）に飛散する事象が繰り返し確認されました。

従来は、風が屋根に吹くと、棟上部の反対側の面（風下側の面）に、負圧が生じて屋根材を吸い上げて飛散する、と言われてきました。しかし、私たちの風洞実験では負圧自体は少なからず発生するものの、瓦を浮き上がらせるほどではなく、むしろ風が正面から当たる面である正圧面の屋根面が飛散するため、実はこの場合、「内部空間圧力」の影響が大きいのではないか。実験に関わったスタッフからは、この段階でそのような声が挙がるようになってきました。

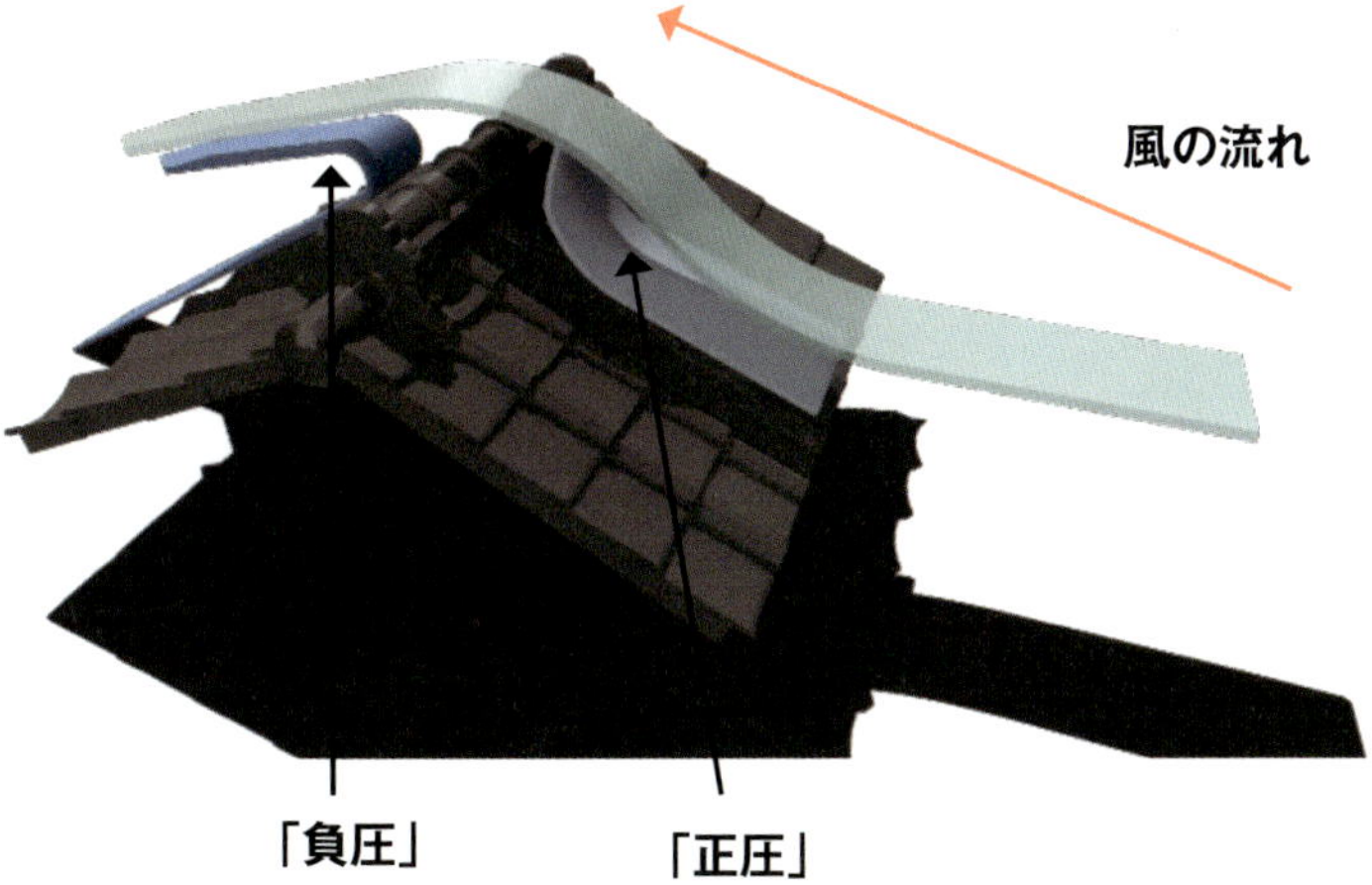
風の流れ
「負圧」
「正圧」

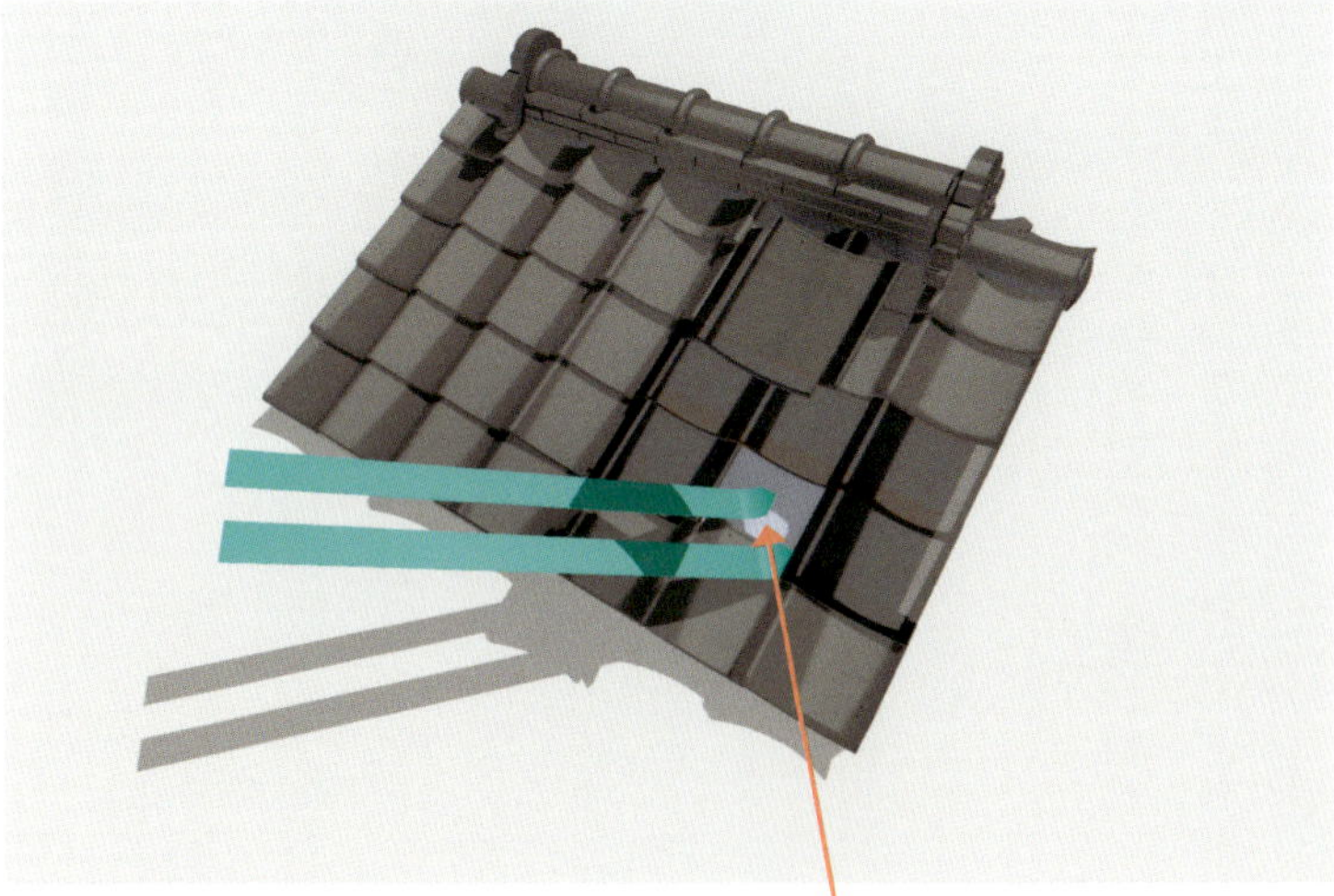
「内部空間圧力」

2 主棟上部の風洞実験―不思議な事象を発見―

瓦屋根の風洞実験を繰り返し行って検証を進めていくと、不思議な事象に出くわすようになりました。風を当てている面の瓦屋根が浮き上がると、ほぼ同時に主棟上部が動いたのです。

一般的に、主棟部は熨斗瓦《のしがわら》と冠瓦《かんむりがわら》で重くしっかり取り付けられています。熨斗瓦のズレや冠瓦の蛇行については、これまで地震や経年による建物の歪みによるものだと思われてきましたが、風によっても動くのだということがわかりました。

その後、主棟部に直接風を当てる実験を行い、どういう変化があるのかを確認していきました。また冠瓦の飛散の確認も含め検証するために、主棟部を固定する銅線を取り外して、あえて飛散させる実験も行いました。

これらの実験の結果、主棟上部にも「内部空間圧力」が何らかの影響を与えていることが確認できました。

左の写真のように熨斗瓦に風を直接当てると、冠瓦は風の方向（風下側）に飛散するのではなく、風を当てている側（風上側）に浮き上がり、ズレが生じました。この現象は、半丸形状の冠瓦内側の空間が内部空間となり、熨斗瓦の重ね部の隙間から侵入した風によって「内部空

主棟上部の風洞実験の様子
主棟部を固定する銅線を取り外し、直接、強風を当てた。熨斗瓦や冠瓦も強風によって飛散する様子が確認された。

間圧力」が上昇して冠瓦を浮き上がらせた、と考えると説明がつきます。

3 折板屋根の風洞実験 ―金属屋根を飛散させる力―

屋根仕上げ材として近年普及が進んでいるのが金属屋根です。そのなかでも、折板屋根材は、板厚0・5㎜〜1・2㎜と金属屋根材としては比較的厚い鋼板材を使用して成型される製品です。厚い鋼板材を加工することにより、製品自体の強度が保たれます。

野地板を必要としないで緩勾配屋根を形成することができるという特長があり、鉄骨造で建てるような大きな工場棟に採用されることが増えています。

今回の実験に使用したのは、長さ３３００㎜×幅５００㎜の角ハゼ折板の上弦材と下弦材で構成される二重折板です。水上側と両妻側の３方向を板金で塞ぎ、上弦材と下弦材の間に内部空間を形成しました。実験時にはその内部空間に断熱用のグラスウールを充塡するケースと充塡しないケースとの比較も行い、折板屋根の軒先側（山高部）から風を吹き込み続けた場合の変化も併せて確認することにしました。

実験１

実験１では、内部空間にグラスウールを充塡しない状態で、折板屋根本体と軒先面戸の取り合い部より、風速60ｍ／ｓで約10分間、風を吹き込み、上弦材の変化を確認しました。その結果、折板屋根の本体に膨らみが見られたものの、内部空間が広く塑性に至らず、また金属屋根（折板）は復元力があることから、飛散するほどのハゼの変化や異常を確認するには至りませんでした。

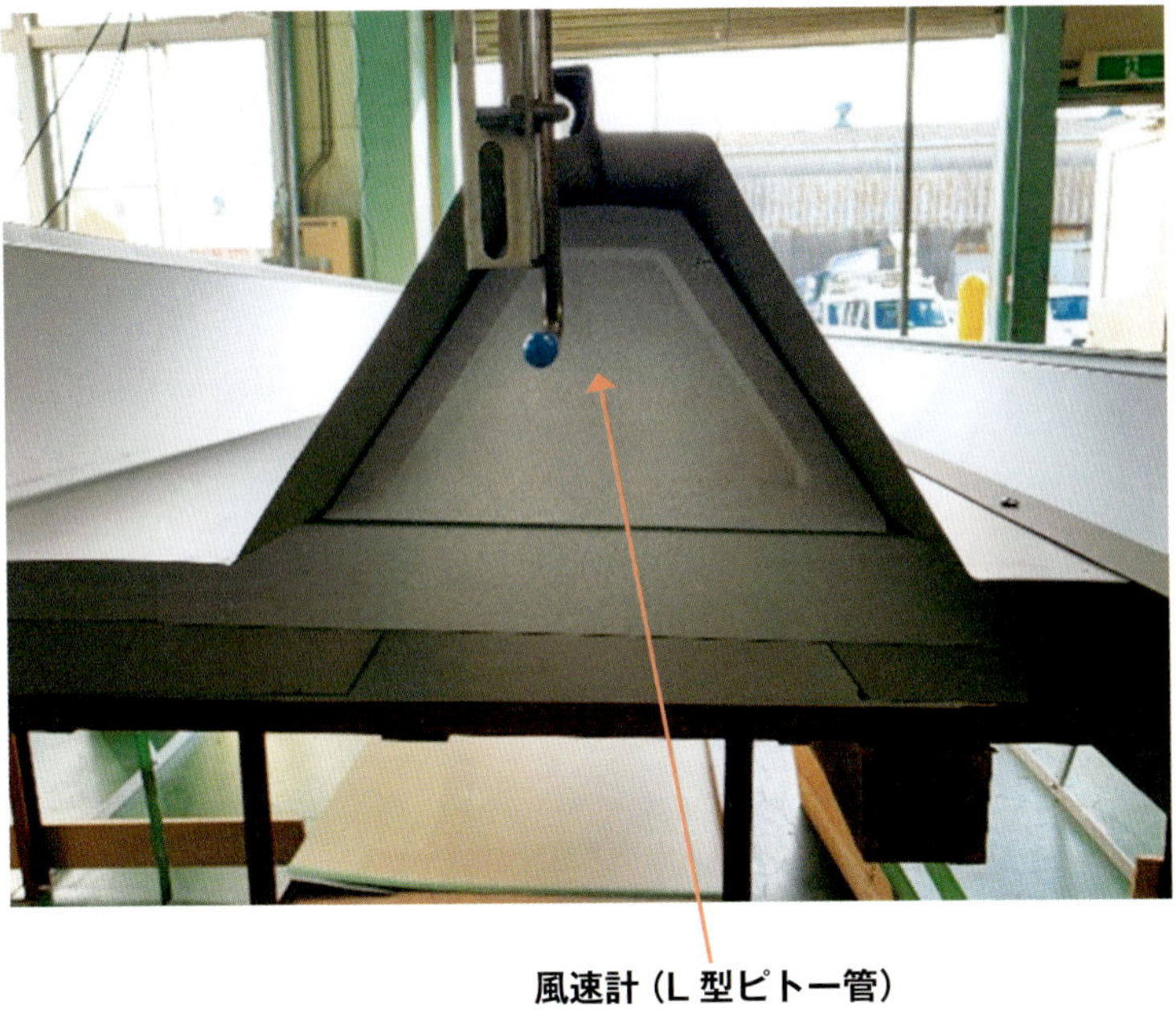

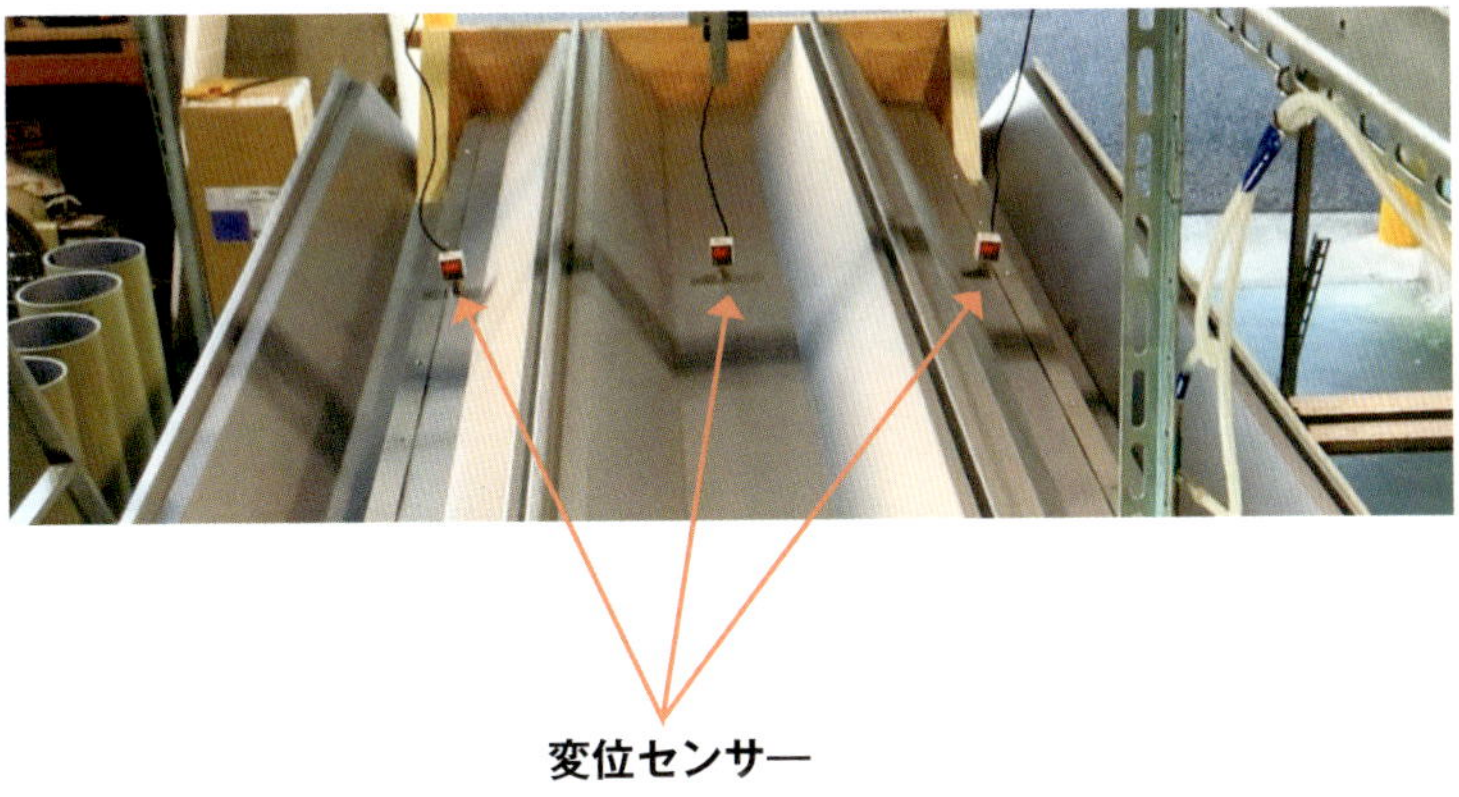

折板屋根の風洞実験　実験１の様子
水上側と両妻側の３方向を板金で塞ぎ、上弦材と下弦材の間に内部空間を形成した二重折板を試験体とした。風速 60 m／s で約 10 分間、風を吹き込んだが、変形は見られたものの、飛散には至らなかった。

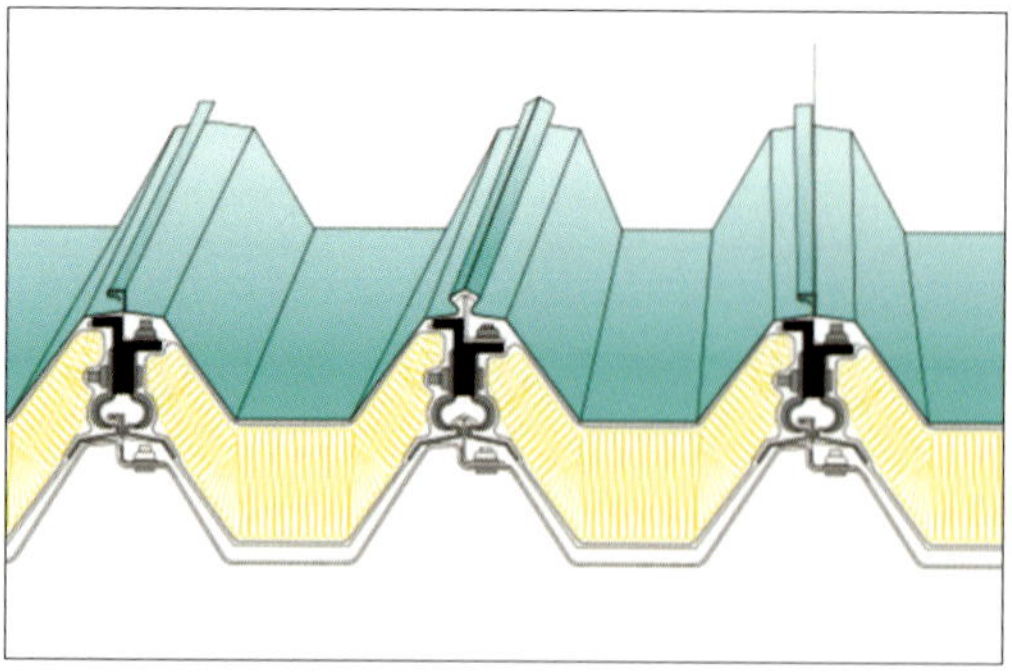

折板屋根にグラスウールを充填
実験２では、上弦材と下弦材の二つの折板の間の空間にグラスウールを充填して内部空間圧力が高まりやすい状態にして、送風を行った。

グラスウールを敷いてその上から折板屋根で覆っている様子。

実験2

実験1の結果より、上弦材と下弦材の二つの折板の間の空間、つまり内部空間が大きいため、その圧力が高まりづらいのではと仮説を立てました。そこで、実験2では、一般的な二重折板断熱工法（インシュレーション工法）に用いられるグラスウールを上・下弦材折板の間に充填した状態で、軒先面戸の取り合い部より風を吹き込むことにしました。

送風開始から1分後、風速100m／sに達すると屋根材の底部が持ち上がり、1分30秒後には屋根材の軒先側が浮き上がり始めました。その後、先

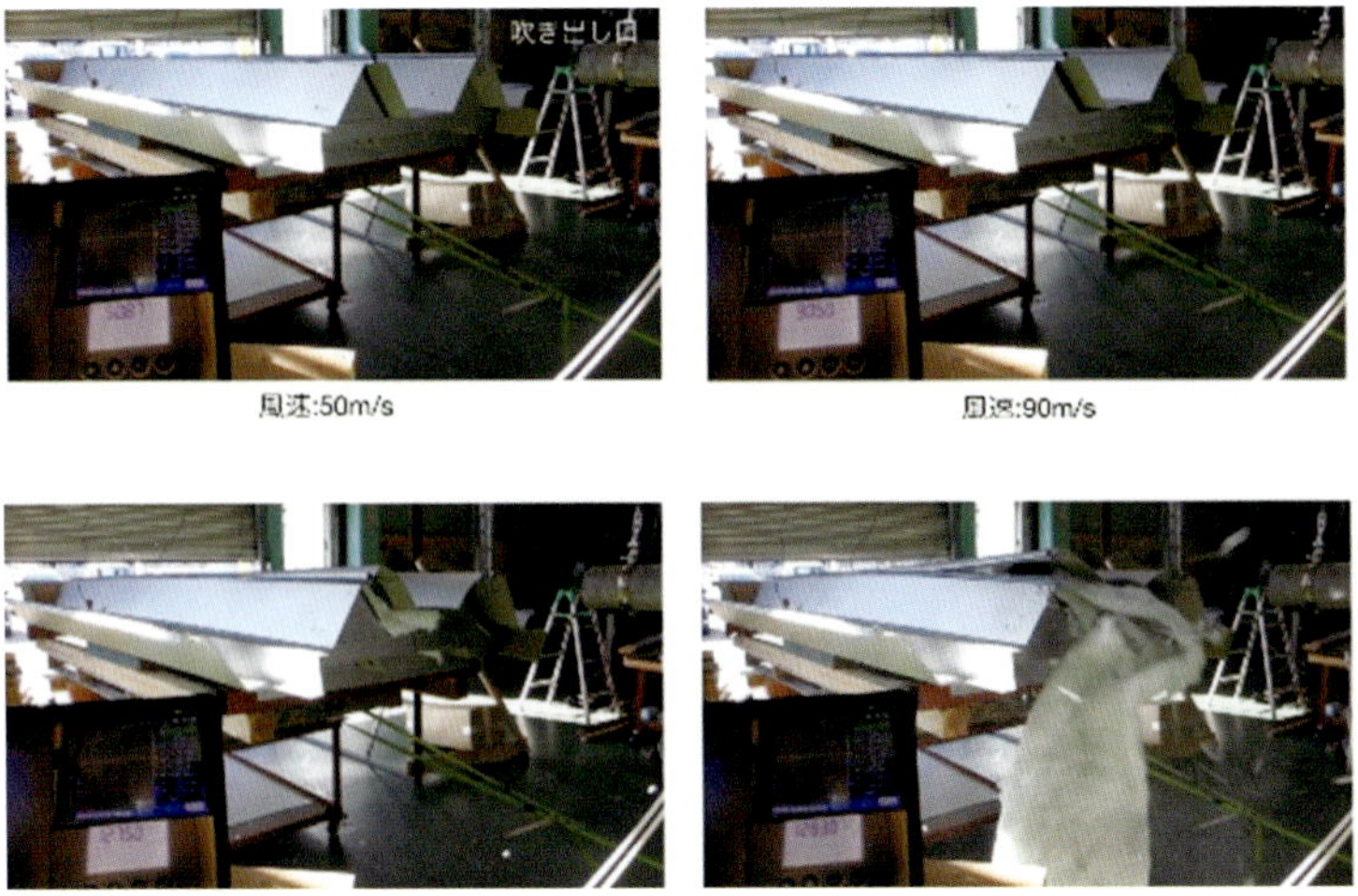

折板屋根の風洞実験　実験２の様子
グラスウールを充填した実験２の試験体では、短時間で「内部空間圧力」が上昇。内部に溜まった空気とグラスウールが、送風した隣の軒先より噴き出す事象が発生した。

端のハゼ上部まで底部が持ち上がり、最終的には上ハゼが水上側に１ｍ程外れてしまいました。

また「上ハゼ」が外れると同時に、内部に溜まった空気とグラスウールが、送風した隣の軒先より噴き出す事象が発生。特に実験２の試験体では、グラスウールを上・下弦折板材の間に充填したことで、内部空間が狭くなり、短時間で「内部空間圧力」が上昇することになりました。このため、最終的には上弦材の底部が浮き上がり、ハゼ（接合部）が外れたと考えられます。

なお、ハゼ（接合部）の外れた部位や屋根材断熱金具、吊子には大きな変形や損傷はありませんでした。

（上）内部空間圧力の上昇により、上弦材のハゼ（接合部）が外れた。
（下）最終的には試験体の底部が先端のハゼ上部まで持ち上がった。

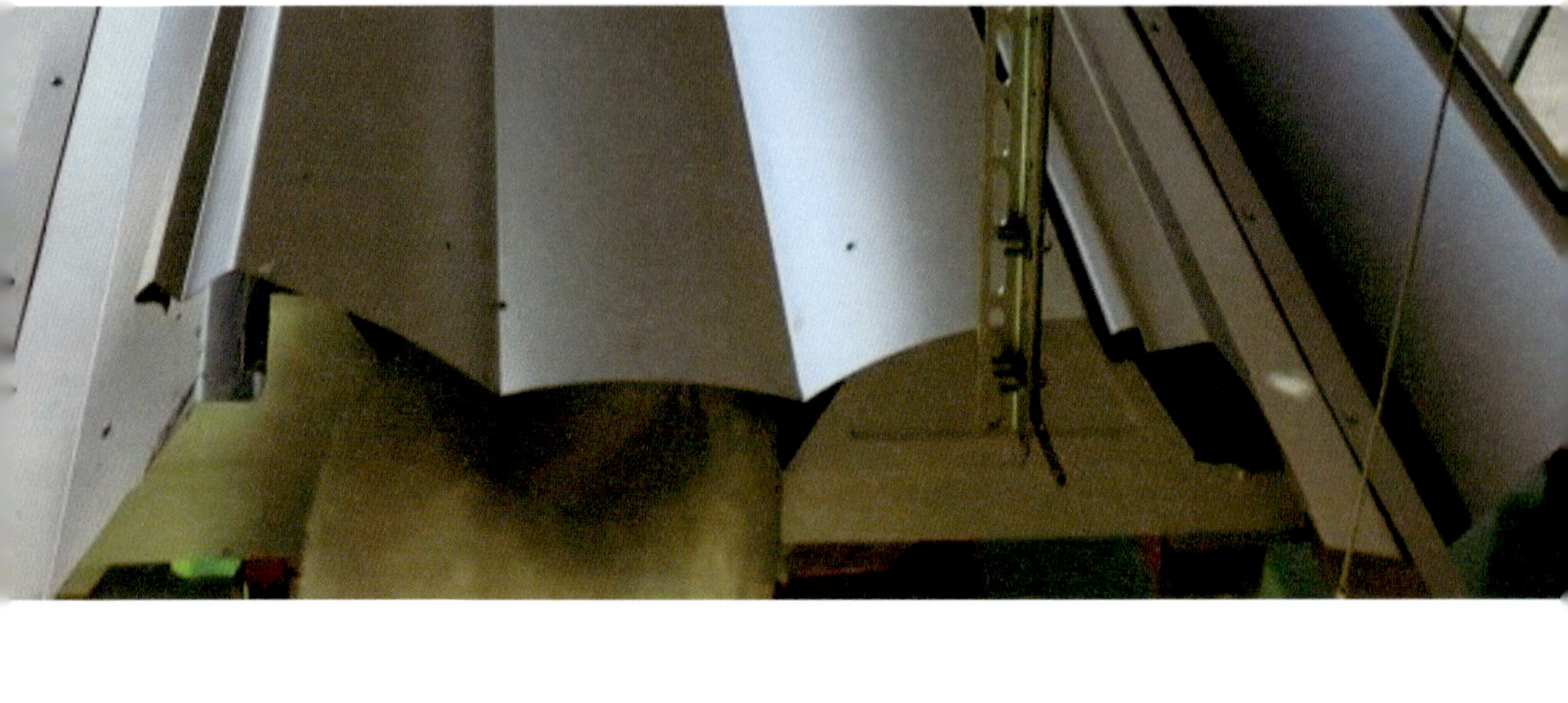

4 瓦棒葺き屋根材の飛散にも「内部空間圧力」が影響

主に緩勾配屋根に対応可能な縦葺き屋根仕上げ材として古くから普及されてきた瓦棒屋根にも風洞実験を行いました。一般的にその屋根材の形状から軒先側に比べケラバ（妻側）からの屋根材の飛散事故が顕著なため、当風洞実験でも屋根妻側（ケラバ）から外壁・破風板に吹き上げるような風を想定し、当てました。結果はその風がケラバ唐草と野地板の隙間から吹き込み、本来ならほぼ密着していると考えられる野地板と金属屋根材裏面の間にも吹き込む風により内部空間が発生し、その圧力が高まると金属屋根材本体が膨れ上がりました。最終的にはケラバ唐草と本体との接合部が外れてしまいました。結果、瓦棒屋根材のような野地板上にほぼ空間なく密着施工される仕上げ材でも、僅かな隙間から風が吹き込み、内部空間を形成し、その「内部空間圧力」が飛散事故に影響していると考えられる結果となりました。

瓦棒屋根の内部空間圧力上昇イメージ

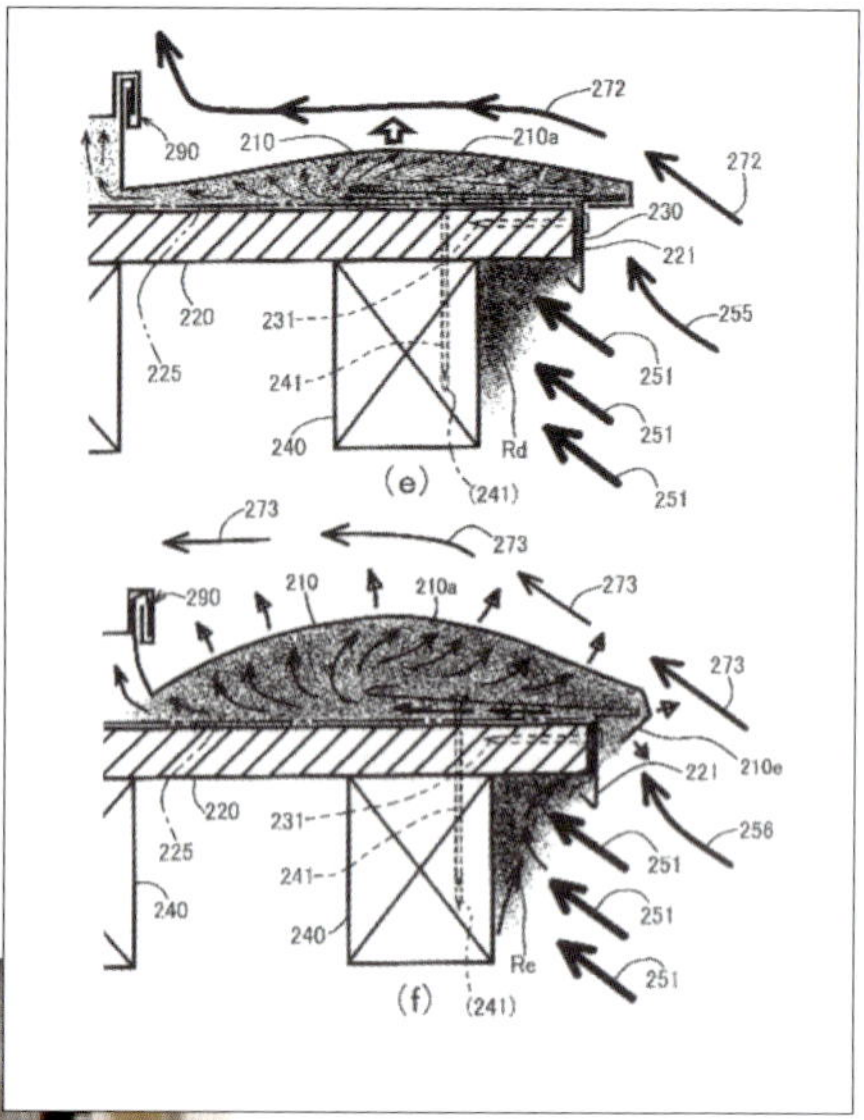

瓦棒屋根のケラバ(妻側)
より強風をあてる。

ケラバ唐草と野地板
の隙間から吹き込む
風により瓦棒屋根材
が膨れ上がり、最終
的にはケラバ唐草と
の接合部が外れた。

5 判明した屋根飛散のメカニズム

前述した瓦屋根の風洞実験では、屋根材の裏面と野地板との空間の圧力が上昇したときに、また二重折板屋根の場合には、上弦材と下弦材折板との間の内部空間の圧力が上昇したときに、そして瓦棒葺き屋根材では、ケラバ側から浮き上がり等の変化が見られました。この実験結果から「内部空間圧力」の上昇が屋根材の飛散に大きな影響を与えている、という仮説はほぼ確信に変わりました。

天井材の落下については、地震での被害が注目されていますが、風による落下でも多く見受けられます。天井材の落下では、下屋根に絡む天井材や、庇に絡む天井材、そして屋根の軒天材等に多く見受けられますが、大屋根に絡む天井材でも、勾配天井のような狭い天井空間（小屋裏）が形成されている場合に多く落下事故が発生します。

天井材の風による落下事故では、屋根材の軒先側から入り込む、台風のような長時間にわたり吹き込む風が、天井空間（小屋裏）内の空間圧力を上昇させ、固定強度と空間圧力のせめぎあいとなります。そのような状況において、脈動する強い風により一気に内部空間圧力が上昇することで、固定力の弱い天井材が剥がれ落下すると考えられます。

〔平成12年5月31日建設省告示第1458号〕

屋根ふき材及び屋外に面する帳壁の風圧に対する構造耐力上の安全性を確かめるための構造計算の基準を定める件

建築基準法施行令（昭和25年政令第338号）第82条の5の規定に基づき、屋根ふき材及び屋外に面する帳壁の風圧に対する構造耐力上の安全性を確かめるための構造計算の基準を次のように定める。

1　建築基準法施行令（以下「令」という。）第82条の5に規定する屋根ふき材及び屋外に面する帳壁（高さ13mを超える建築物（高さ13m以下の部分で高さ13mを超える部分の構造耐力上の影響を受けない部分及び1階の部分又はこれに類する屋外からの出入口（専ら避難に供するものを除く。）を有する階の部分を除く。）の帳壁に限る。）の風圧に対する構造耐力上の安全性を確かめるための構造計算の基準は、次のとおりとする。

表2　屋根面の正圧部のGpe

H 地表面粗度区分	(1) 5以下の場合	(2) 5を越え、40未満の場合	(3) 40以上の場合
Ⅰ	2.2	(1)と(3)とに掲げる数値を直線的に補間した数値	1.9
Ⅱ	2.6		2.1
Ⅲ及びⅣ	3.1		2.3

この表において、Hは、建築物の高さと軒の高さとの平均（単位　m）を表すものとする。

表3　切妻屋根面、片流れ屋根面及びのこぎり屋根面の負のピーク外圧係数

θ 部位	10度以下の場合	20度	30度以上の場合
の部位	-2.5	-2.5	-2.5
の部位	-3.2	-3.2	-3.2
の部位	-4.3	-3.2	-3.2
の部位	-3.2	-5.4	-3.2

この表において、部位の位置は、次図に定めるものとする。また、表に掲げるθの値以外のθに応じたピーク外圧係数は、表に掲げる数値をそれぞれ直線的に補間した数値とし、θが10度以下の切妻屋根面については、当該θの値における片流れ屋根面の数値を用いるものとする。

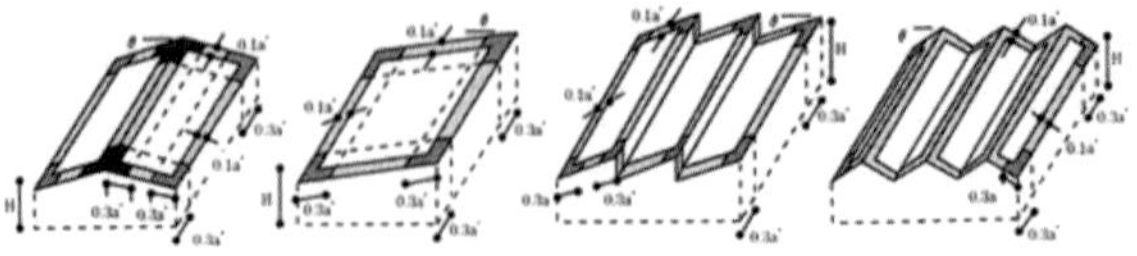

この図において、H、θ及びa'は、それぞれ次の数値を表すものとする。

H　建築物の高さと軒の高さとの平均（単位　m）

θ　屋根面が水平面となす角度（単位　m）

a'　平面の短辺の長さとHの2倍の数値のうちいずれか小さな数値（30を超えるときは、30とする。）（単位　m）

軒天井の仕上材と隅角部での外壁材の脱落・飛散

屋根材の重なりやジョイント部、役物部分などの隙間が大きければ、強風にさらされたときに内部空間に風（空気）が入りやすくなります。「内部空間圧力」は、その空間が狭いと上昇しやすいことも弊社独自の局所的に風を当てる風洞実験によりわかりました。

ただ、「内部空間圧力」が上昇すると直ちに屋根材が飛散するというわけではありません。台風等による強風が一定の期間継続して吹き荒れている状況では、屋根表面（外部）に当たる風力（正圧力）も強く、屋根を外から押さえ付ける力が働いているということになります。その正圧の方が「内部空間圧力」より上回ったり、固定力が勝っている場合は屋根材は飛散しないのです。

また、自然環境で吹く風は脈動を打つように瞬間的な強弱の変化が生まれます。「内部空間圧力」が上昇した状態で、外側（屋根表面側）の風が瞬間的に弱くなると、外側の正圧よりも「内部空間圧力」が上回るので屋根材が浮き上がり、その状況下で、次の風が強く吹き付けると屋根材が捲れ上がり、飛散してしまうのです。

私たちが繰り返した風洞実験からは、そのようなメカニズムが判明しました。膨大な実験データによるエビデンスとともに、屋根が飛散する仕組みについての新たな発見が得られたのです。

6「内部空間」とは何か

「内部空間」とは、建築の表層材（仕上げ材）の裏側にできる空間や隙間を意味します。表層材（仕上げ材）には多種多様な材料がありますが、そのほとんどは、建物構造体の下地部材に取り付くことになり、さらにその下葺き材として野地材等が取り付いて、内部空間が形成されることになります。

一般的に、木造や鉄骨造の建物では、下葺き材（野地材）には、ボード状の合板、木質ボード、断熱ボードを敷き詰め、さらに防水材（防水シート等）を敷いて仕上げます。瓦葺き工法の様に、凹凸が大きく、下地桟（瓦桟）を使用する製品では、瓦と野地材の間に内部空間が形成されています。

また瓦棒式屋根材の場合には、野地材に密着していても、比較的強度が弱いケラバ（妻側）では、唐草と野地材との隙間から吹き込む強風の風圧で隙間が膨張し、内部空間を形成・拡張させることがあります。

さらにシングル折板屋根では、天井材の間に大きな内部空間が形成され、また、断熱重視の二重折板のように同じ形状材を二重に葺くことでも内部空間が形成されています。

一方で工場の屋根に多く使用されている石綿波型スレート屋根の改修工事では、既存の屋根材の上に新しい屋根材を被せる「被せ工法」が多く採用されています。この場合は、既存の屋根材と新しい屋根材の間に内部空間が形成されることになります。

屋根の内部空間の例

★建築基準法令で記載の構造体での「閉鎖型」「開放型」とは違います。

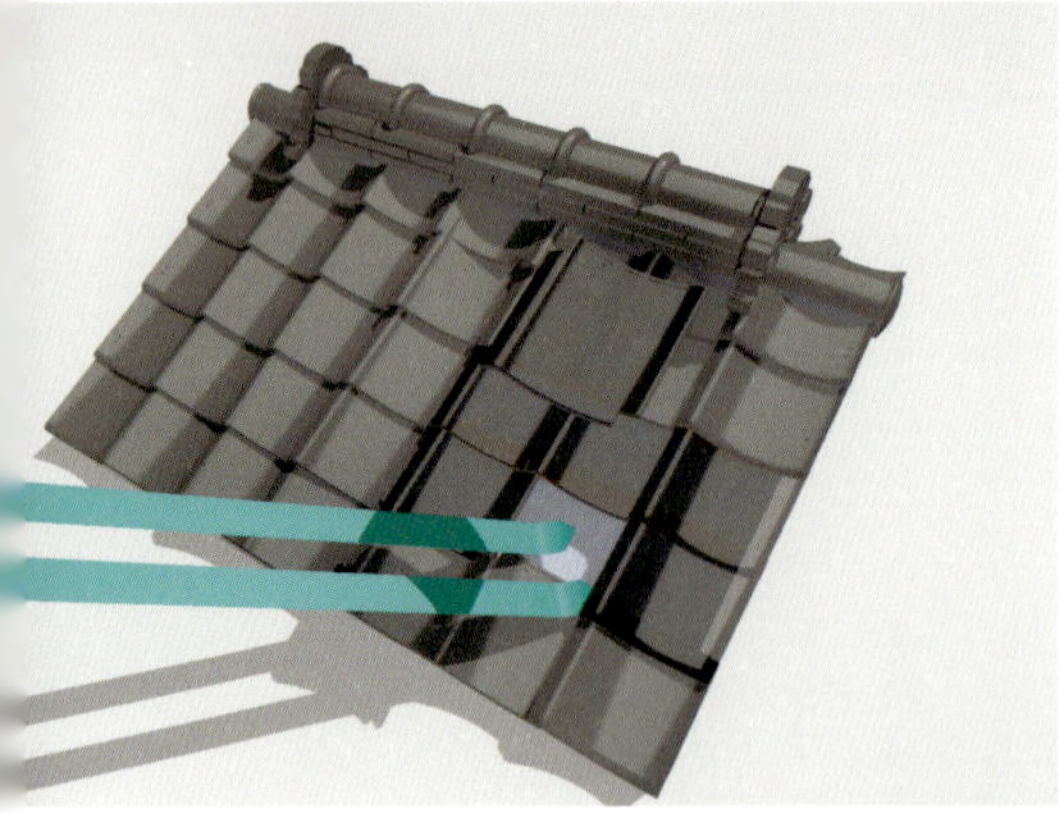

瓦屋根の内部空間
瓦の重ね部より吹き込む風により､｢内部空間圧力」が上昇し、瓦が浮き上がり飛散する。

瓦棒屋根の内部空間
ケラバ唐草の内側から吹き込む風により､｢内部空間圧力」が上昇し、ケラバ側から飛散する。

二重折板の内部空間
断熱材の介在する空間に、軒先側から風が吹き込むことで「内部空間圧力」が上昇し、ハゼが外れて飛散する。

被せ工法の内部空間
既存の屋根材と新規の屋根材の間の空間に、軒先側や重ね部から風が吹き込み、「内部空間圧力」が高まって、新規屋根材が飛散する。

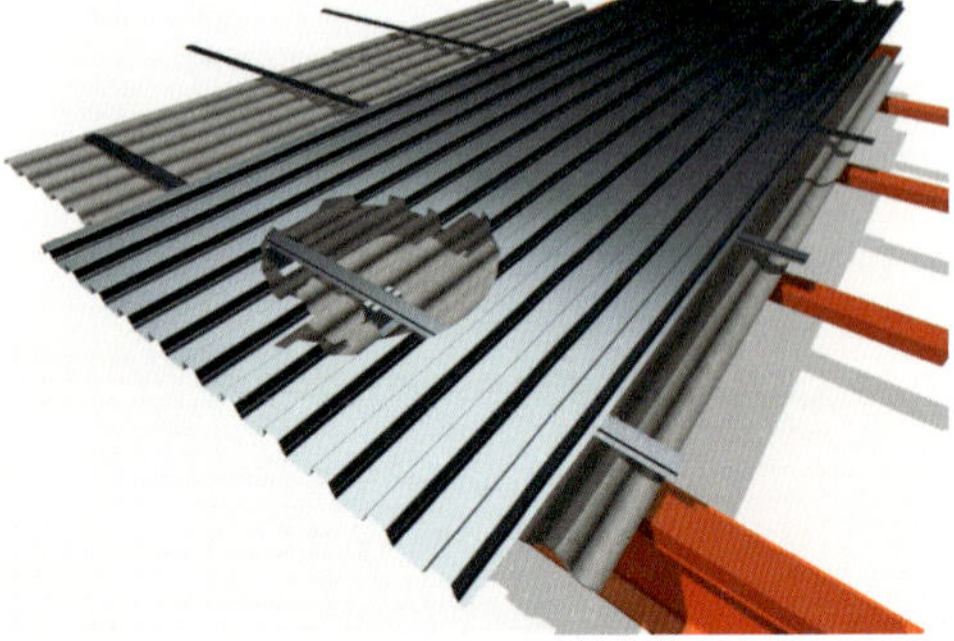

7「内部空間圧力」の働きとは

　ほとんどの建物に取り付けてある仕上げ材（屋根材、外装材等）の裏面にある隙間（内部空間）に風が吹き込むことにより、その隙間や空間が風船のように膨らみ、仕上げ材を変形させて飛散することになります。

　瓦屋根では、瓦形状や瓦桟を使用する工法から、裏面空間が比較的大きく形成されます。また比較的小さい瓦単体を重ね合わせて屋根面を形成していることから、重ね部から吹き込む風により「内部空間圧力」が上昇しやすく瓦を浮き上がらせ飛散させます。

　金属製タテ葺き屋根材（瓦棒葺き）では、野地板に密着していることから内部空間が存在しないように考えられていますが、金属屋根材自体が薄い板厚であることから、裏面に吹き込む風により屋根材が膨れ上がり内部空間が形成されて、「内部空間圧力」の上昇と共にハゼが外れて飛散することになります。タテ葺き（瓦棒葺き）では平面部や軒先部よりも、風の吹き込みやすいケラバからの飛散が多く見受けられます。

　改修工事の被せ工法では、既存屋根材と新規屋根材の間に「内部空間」が形成されます。被せ工法で使用する屋根材は比較的高さ（H寸法）の低い製品が多く採用されることから、重ね部の強度が弱く、その重ね部からの吹き込みにより「内部空間圧力」が上昇して飛散事故につながっています。

二重折板では、同じ形状の折板が重なりあう空間にグラスウール等の断熱材が敷かれています。その空間に風が吹き込みますが、グラスウールが敷かれていることにより、狭い内部空間が形成され、比較的風の吹き込みやすい軒先やケラバの「内部空間圧力」が上昇して飛散事故となります。

シングル折板では、軒天材や天井材に使用する石膏ボードの落下が目立ちます。シングル折板の軒先には、換気面戸のような開口（吹き込み口）が多く形成されていることから、軒先からの吹き込みにより大きな天井裏でも「内部空間圧力」が上昇して比較的取り付け強度の弱い石膏ボードが落下することになります。

外装材の比較的軽い製品では、胴縁を使用して通気工法として多く採用されています。このような通気空間の「内部空間圧力」が上昇することにより、外装材の飛散や外れが発生することが確認されています。

住宅などの場合、「内部空間」が断熱効果や漏水防止、躯体保護の面で重要な役割を果たしています。しかし、私たち屋根専門家から見ると、改修工事における被せ工法では特に屋根材の製品強度や固定強度を考慮していないように見受けられる施工法・部材も少なくありません。屋根材の飛散原因となっているのではと懸念しています。

弊社の実験では、台風のような強風時には、屋根材の形状や、その下地材と構成される部材等による大きな裏面空間であっても、小さな狭い「内部空間」が個々に形成されて、短時間に固定強度の弱い部位が変形・外れて飛散事故となるのを確認することができました。

折板屋根の風洞実験の項でお伝えしたように、そうした内部空間に風が吹き込んで固定強度の限界値まで「内部空間圧力」が上昇すると、瞬間的に強い風が吹き込み一気に飛散にまで結びついてしまう恐れがあるのです。

私たちが提唱する「内部空間圧力」による仕上げ材の飛散は、従来から考えられている建物全体に当たる風（正圧・負圧）による影響ではなく、仕上げ材である各製品の納まり（ディテール）に吹き込む風が影響していると考えています。そうしたリスクについても屋根の設計・施工時に考慮し臨むことで、屋根飛散事故減少につながることを願って止みません。

8 内部空間圧力を切り口に被害例を読み解く

第1章で取り上げた、大規模建築物の被害事例を、それぞれ「内部空間圧力」を切り口にすると、屋根が飛散した現象をおおよそ解き明かすことができます。以下にそのメカニズムを読み解いてみましょう。

❶滋賀県の某ホテル

この事例では、漏水を防ぐために、陸屋根の改修工事として小屋組みを建てて屋根を被せる工法で施工されていました。重さ7t（9m×41m）もある新たな屋根組みが風に乗り、数十m先まで風に運ばれ、東海道新幹線の架線に引っかかったと報告されています。飛散の原因は、施工の杜撰さと報告されていますが、通常、7t（9m×41m）もある屋根組が強風に煽《あお》られて変形も崩壊もせずに長い距離を飛ぶという事象は考えにくく、これは「内部空間圧力」によって小屋組みごと浮き上がり、飛行機が飛ぶ原理である「ベルヌーイの定理」

による揚力で飛散したと考えると理解できます。

❷兵庫県の大型放射光実験施設

大型放射光実験施設の断熱二重折板屋根が強風で軒先周辺部から剥がれた被害では、2004年の台風16号、18号の2度の被害を受けており、その飛散原因は金属疲労であると報告されていますが、飛散現場近くの気象台で観測された風速は、各屋根材メーカー発表の製品強度の数値を下まわっていることが確認されています。

二重折板の場合、弊社における実験の通り、断熱材であるグラスウールが敷き詰められることにより軒先に狭い内部空間が形成されて、圧力上昇とともに屋根材の先端部の変形が始まり、ハゼが外れて飛散したと考えられます。

二重折板の屋根の飛散事故は他の地域でも多く発生しています。もし従来の考えである正圧・負圧での強風が原因であれば他の建物でも屋根が飛ぶはずですが、その多くは同じ地域内に同様の目立った被害を確認できない、と報告されています。屋根の軒先部に「内部空間圧力」が上昇しやすい構造の建物だけに被害が及んでいる、と考えるのが自然です。

❸山口情報芸術センター

この建物では、瓦棒屋根の厚さ0・6㎜のガルバリウム鋼板が高圧木毛セメント板に固定されていましたが、ケラバ付近から剝がれ始めて約半分近くが2度の台風で飛散したと報告されています。その被害報告では、2度の台風被害とも同じケラバ側からの被害で「ケラバ部から屋根葺き材の下部に風が入るディテールであることの妥当性にも疑問が出された。」と記されていますが、飛散原因の直接的原因ではないと調査委員会では考えているのです。ただし、一般社団法人日本金属屋根協会や各屋根材メーカー、工事管理者は、瓦棒屋根で一番弱いとされるケラバの施工については、固定強度や屋根の割り付け寸法などに特に注意して施工するように指導しています。この建物でもそうした注意が払われていたはずです。

それにもかかわらず台風による飛散事故が多発しているのは、現在の屋根の強度計算式にある、屋根材を浮き上がらせるとする負圧計算値だけでは不十分ということなのではないでしょうか。「内部空間圧力」の上昇の原因となる、ケラバの唐草（水切部）から吹き込む風を防止する策を講じる必要があると、私たちは考えています。

西村宏昭氏提供

❹出雲ドーム

もう一例、大型施設の飛散事故の例をここで見てみましょう。

出雲ドームは、大断面構造用集成材による木質系立体張弦アーチ構造・テンション膜構造を採用した建物です。２００４年の台風18号の強風を受けて36枚ある膜のうち１枚が破損しました。厚さ０・８㎜のガラス繊維をテフロン被覆した膜は、竣工後12年経過しており、押さえケーブルの間に砂や土が入り、噛んだ状態で擦れ続けたための事故と考えられているようです。もちろんそうした要因もあるのでしょうが、そのほかに外部から風が吹き込むような開口や隙間もあったはずです。

こうした屋根飛散事故の多くは、強風によるものと片付けられたり、風が強くないときには熱伸縮による金属疲労や杜撰な施工に起因するものと決めつけられるケースが多いようです。しかし、それだけで処理するには、あまりにも頻発しすぎているように思われます。

〈屋根飛散の様々なケース〉

内部空間の圧力上昇に伴う事故現場

風速40m/s位の台風の風により、0.8㎜の折板屋根が飴のように変形している

二重折板の軒先側からの飛散事故

ゴム系シート防水による飛散事故

落し口（ドレーン）の小さな亀裂からシート内部に吹き込む風により大きな飛散事故となる。

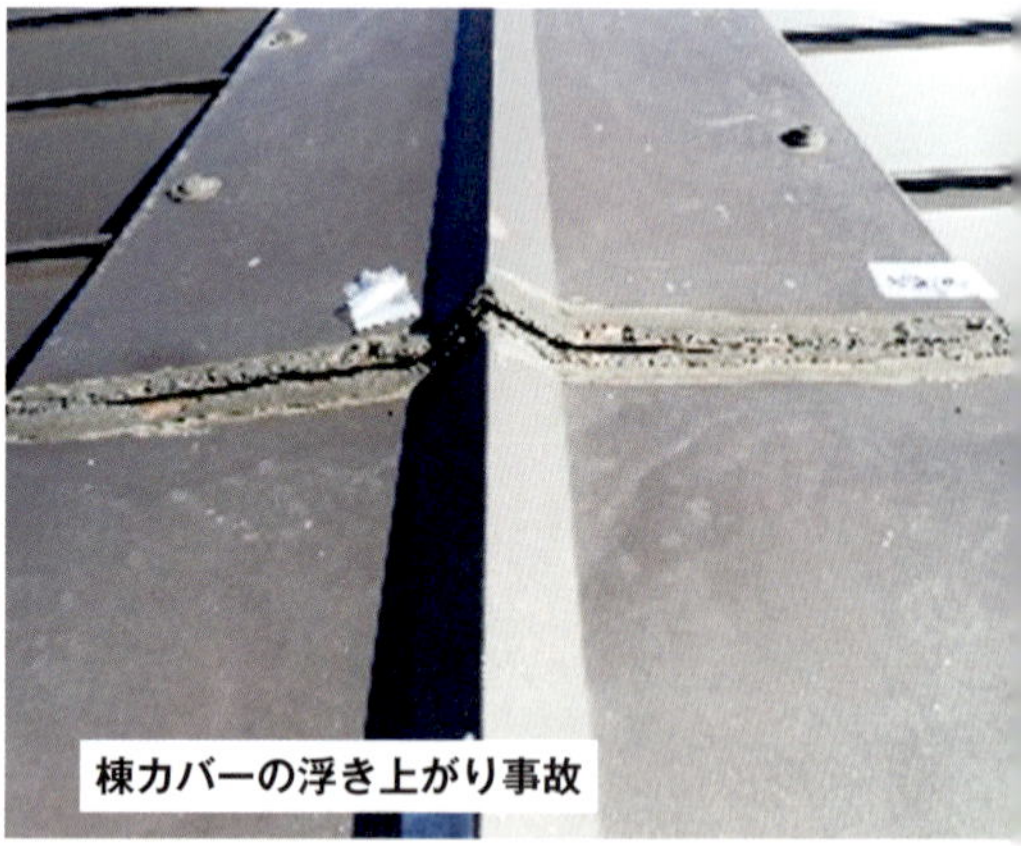

棟カバーの浮き上がり事故

棟板金カバーの接合部（ジョイント）の接合不良により、吹き込む風により変形・漏水原因となる。

幕板の浮き上がりに伴う固定ビスの外れによる変形事故

ケラバカバーや幕板の外壁材との取り合い部からの吹き込みにより、変形・飛散事故となる。

平板瓦の割れ及び飛散事故

平板瓦も内部空間圧力により、飛散や割れが発生する。

セメント瓦の飛散事故

セメント瓦も、内部空間圧力により飛散やズレが発生する。

軒先の浮き上がり事故

軒先の吹き上がりにより、瓦の固定釘の浮き上がりが発生する。

屋根コラム　珍しい屋根のいろいろ

①柿《こけら》葺き

「金閣」として知られる鹿苑寺舎利殿は、約320㎡の屋根を「こけら板」と呼ばれるサワラの木の薄い板を何層にも重ねる「こけら葺き」で仕上げられています。

慈照寺観音殿「銀閣」もこけら葺き。サワラの薄い割り板を約3cmずつずらしながら重ね、竹釘で留め付けていきます。薄い割り板が何重にも重なることで雨水の浸入を防いでいます。

比叡山延暦寺

② 栩《とち》葺き

板葺きの一種で、こけら葺きより厚い板（９～３０㎜程度）を粗い葺足で葺くもの。
撮影：舩木主税

③ 檜《ひ》皮《わだ》葺き

清水寺

屋根葺き手法の一つで、檜《ひのき》の樹皮を用いて施工します。日本古来の歴史的な手法ですが、日本国外には類を見ません。　撮影：船木主税

④ 平《ひら》葺き

成田山

屋根を金属板葺きにする場合、波板や瓦棒を用いず全面を平坦に葺き上げる方法。　撮影：船木主税

⑤姫路城・首里城の漆喰処理された瓦屋根

姫路城

国宝であり、日本で初めての世界遺産である姫路城の別名は「白鷺城」。天守群のシルエットが、シラサギが翼を広げたように優美に見えることが由来といわれます。屋根材には、いぶし瓦が使われており、筒状の丸瓦と平たい平瓦を組み合わせる、「本瓦葺き」という工法で葺かれています。さらに瓦と瓦の継ぎ目である目地には漆喰を施して、耐久性を高めています。

首里城

焼失前の首里城の屋根には伝統の赤瓦が葺かれています。赤瓦は、通気性・断熱性に優れ、屋根の木構造を湿気や強烈な日射熱から守る働きがあります。さらに漆喰で塗り固めることで、耐久性を高め、強風による飛散を防いでいます。

⑥茅《かや》葺き

弊社社員の父親が手がけた草葺き屋根の施工現場写真。

⑦板金職人の技

1枚ごとに打ち出し形状を作る、このような曲線を叩き出して施工できる職人は少なくなっています。（株式会社興隆板金工業 代表取締役 林隆之氏 制作の屋根材）

地上展示のため、屋根から下ろされた名古屋城の「金の鯱（しゃちほこ）」。1612 年（慶長 17 年）、史上最大の延床面積を誇る天守閣の完成の際、徳川家康の支配力や尾張徳川家の権威を誇示するため、絢爛豪華な金鯱が載せられました。（撮影：舩木主税）

上洛殿は、1634 年（寛永 11 年）に三代将軍家光の上洛に合わせて増築された御成御殿です。 江戸時代は御書院・御白書院と呼ばれました。本丸御殿で最も格式の高い建物であり、天井には板絵、部屋の境には極彩色の彫刻欄間がはめ込まれています。

第4章

屋根被害に関わる要因をさらに究明する

Further Investigation into the Factors Involved in Roof Damage

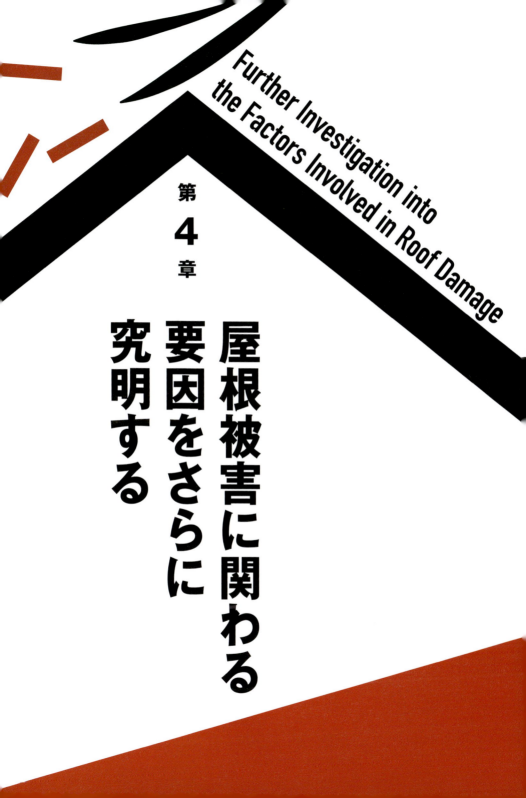

私たちは屋根の安全性や品質を追究するため、「内部空間圧力」以外のテーマでも、独自に検証実験を行っています。この章では、屋根に関わる工法や部材についての取り組みのいくつかをご紹介します。

1 化粧スレート屋根材のヒビや割れの理由とは

❶化粧スレート屋根材とは

化粧スレート屋根材は現在の住宅建築では多く使用されている建材です。販売開始から半世紀以上経過していますが、非常に軽量で安価であることから、現在でも多くの製品が販売、使用されています。

かつてはセメントと石綿（アスベスト）を高温高圧下で養生・成型した板状の石綿スレートに着色剤で着色して製造されていました。しかし、２００４年に「労働安全衛生法施行令」が改定され、アスベストの含有量１％を超える建材が使用禁止となり、さらに２００５年６月には製造工場で作業員の健康被害が発生したとして社会問題となりました。その後はアスベストの代わりに人工繊維や天然繊維を使用した無石綿の化粧スレートが普及しています。

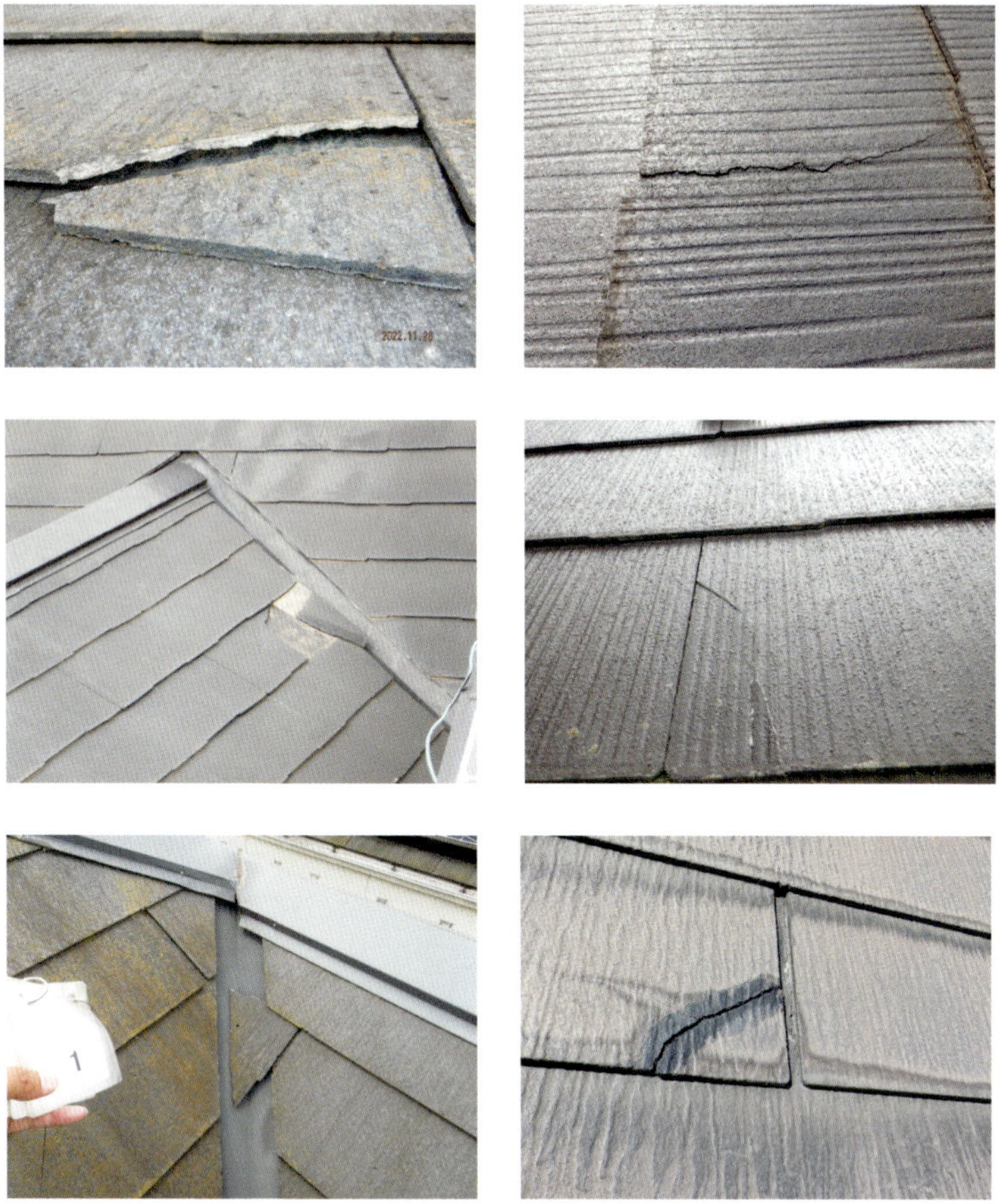

化粧スレート屋根材のヒビや割れの例（株式会社マスタックエフ社員による現場調査時の写真）

化粧スレート屋根の風洞実験の様子。風速 60m/s を超えると屋根材が大きくバタつくようになり、風速 62m/s で飛散する結果に。

❷調査現場ではヒビや割れが発生

化粧スレート屋根材メーカーでは「社内試験で風速60m／sでも飛散しなかった」としていますが、私たちが補修や調査に携わる現場では、ヒビや割れ、欠けの生じたものを多く見かけるのが現状です。破損したほとんどの製品はアスベストが使用されていない2006年以降に製造・販売されたものであることから、それらの劣化事象は強風によるものなのか、製品そのものの強度が低いためなのか、自社実験によって検証することにしました。

❸風洞実験で被害を再現～風速60ｍ／s以上で飛散

さっそく実際にジェットエンジンによる風洞実験を行ってみると、製造メーカーの社内試験と同じく、風速60ｍ／s以下の風速では破損、損傷は見られませんでした。しかし、風速60ｍ／sを超えると屋根材のフラッタリング（バタつき）が大きくなり、風速62ｍ／sで割れが生じ、飛散する結果となりました。破損した屋根材は固定釘のラインで割れていることが確認されています。

化粧スレート屋根材では、風が当たる面の風上（正圧）側からの風が大きく影響します。この実験においても風下（負圧）側となる棟を挟んで反対の屋根面に変化はなく、影響は見られませんでした。

また、風洞実験のほかに飛来物を想定した落下衝撃による破損状況についても、現場調査で見られるようなヒビ割れ状況を再現してみました。飛来物想定衝撃の実験では、飛来物（落下物）の質量や、形状で違いがあるものの、破損した場合は、その破損部周辺に衝突痕が残る結果となりました。

2 瓦屋根材が飛散する状況を検証

❶屋根瓦の種類

屋根瓦は日本各地の瓦屋さんが地場の土で焼成・成型して、寺院などの建築屋根材として古くから使われてきた伝統的な屋根材です。近年では、瓦の成型技術や焼成の向上により、耐震対策や凍害対策に優れた製品が生まれてきました。代表的なものとしては、「三州瓦」（愛知県の三河地方）と「石州瓦」（島根県の石見地方）、「淡路瓦」（兵庫県の淡路地方）などが知られています。

瓦の種類も多種多様ですが、主に「和瓦」（J型）「平板瓦」（F型）「スパニッシュ瓦」（S型）などの形状がよく使われています。また製法の種類としては、表面に釉薬《ゆうやく》を塗って焼く「陶器瓦」と、無釉薬で焼いて燻《いぶ》す「いぶし瓦」などがあります。

そのほか、セメントやモルタルを主成分とした「セメント瓦」や樹脂繊維を入れた「樹脂繊維セメント瓦」、また輸入製品等数多くの瓦が市場に出回っています。

三州瓦
愛知県（旧・三河国）で生産されている粘土瓦。現在では全国の粘土瓦生産量の約70％を占める。

石州瓦
島根県西部の石見地域で生産される。赤茶色の釉薬が特長で日本海側の厳しい気候にも耐える、優れた耐久性がある。

淡路瓦
兵庫県の淡路島で生産される粘土瓦。美しい銀色が映えるいぶし瓦で知られる。

ります。

❷屋根瓦の風洞実験とその結果

瓦屋根については、2022年年1月に改正された「瓦屋根標準設計・施工ガイドライン」（発行元：社団法人全日本瓦工事業連盟　監修：独立行政法人建築研究所）が施工の基本になります。

基準風速32m／s以上を基本事項として平部の瓦の全数で留め付けを行い、風速38m／s以上では構造計算規定をもとに対応するという規定が明記されています。弊社の実験でもこのガイドラインの信頼性は確認できており、規定通りの施工を行えば飛散事故は激減していくと考えられます。

そうした前提のもと、屋根瓦の飛散実験については、過去には様々な研究機関で執り行われています。特に過去の実験内容では、屋根瓦に斜めから風が当たる場合、屋根の風下側の軒、棟、ケラバ付近に大きな負圧が生じ、この負圧の発生によって屋根瓦が飛散するのではないかと推察されてきました。その結果、建築基準法や建築学会荷重指針等では、この負圧に基づいて屋根を設計することが指示されています（日本建築学会1993）。

しかし、強風の被害調査からは、瓦は大きな負圧の生じる風下側よりも、むしろ「正圧」が生じる風上側の方が飛散しやすいという結果が得られていると報告されています。これについては、未だ風洞実験で解明できていません（「京都大学防災研究所年報第45号B‐1 平成14年4月」河合宏允、西村宏昭　日本建築総合試験所「自然風中にある 屋根瓦に作用する風力」より）。

このように過去の実験では解明されていない屋根瓦の飛散について、今回の弊社での風洞実験では、それらを明確に証明することができました。

❸弊社実験の結果

過去の瓦の飛散実験の文献では、瓦の飛散は、重ね方向からの吹き込みにより「内部空間圧力」の上昇に伴う浮き上がりから飛散がはじまるであろうと記載されていました。まさに今回の弊社の実験では、その予想を裏付ける結果となり、前述の第3章の各実験の通り、「内部空間圧力」の上昇により、瓦が浮き上がり、飛散することが確認できました。

2022年1月1日に改正された「瓦屋根標準設計・施工ガイドライン」の指導通り、瓦全てに固定を行えば瓦屋根の飛散事故は激減することが、弊社実験結果からも確認することができました。

棟板金の風洞実験の様子

3 棟板金の飛散する状況を検証

❶風洞実験で固定釘の重要性を確認

屋根の強風被害で最も多い棟板金の飛散や変形についても、風洞実験にて確認しました。試験体として用意したのは、新品と旧品の棟板金、棟下地（貫板《ぬきいた》）です。

実験してわかったのは、棟板金・棟下地の新旧、風向きにかかわらず、棟下地（貫板）の腐食がなく、釘の固定保持力が保たれていれば風速100m／sでも飛散、変形することがないということでした。

また年月が経過した棟板金には、固定釘が緩んで多少浮いている状態があります。それを再現した試験体や、釘の固定間隔を通常の455㎜間隔から900㎜間隔に広げた試験体でも風洞実験を行いましたが、風速100m／sでも棟板金が僅《わず》かに上下に振動するものの、飛散までには至りませんでした。

つまり、多少の経年劣化により、固定釘の浮きや棟板金の浮きがある状態でも、固定釘の保持力が保たれていれば、風に起因する棟板金のまくれや飛散は発生しづらいといえます。その反対に、棟板金固定釘が効いていない状況や棟板金の浮きが著しく大きな状況では、棟板金の内側に入り込む風力（圧力）が高まり、固定釘の保持力を風力（圧力）が上回った際に、まくれや飛散が発生しました。つまり、棟板金においては下地材の腐食や固定釘の保持力が大きなポイントになるということがわかりました。

❷引張《ひっぱり》試験で変形の状況を調べる

そのほか、被害事例の調査時によく見られるのが、棟板金の端部のみが持ち上がり変形している状態です。これについては、風洞実験で風速100m／sを超えても確認できませんでした。そこで、その持ち上がり変形を再現するため、治具《じぐ》（補助的工具）を用いて上部方向に引張荷重を加え、その数値と変形状態を確認する試験を行いました。

その結果、500N（ニュートン）以上の引張荷重を掛けると端部は持ち上がり、変形が確

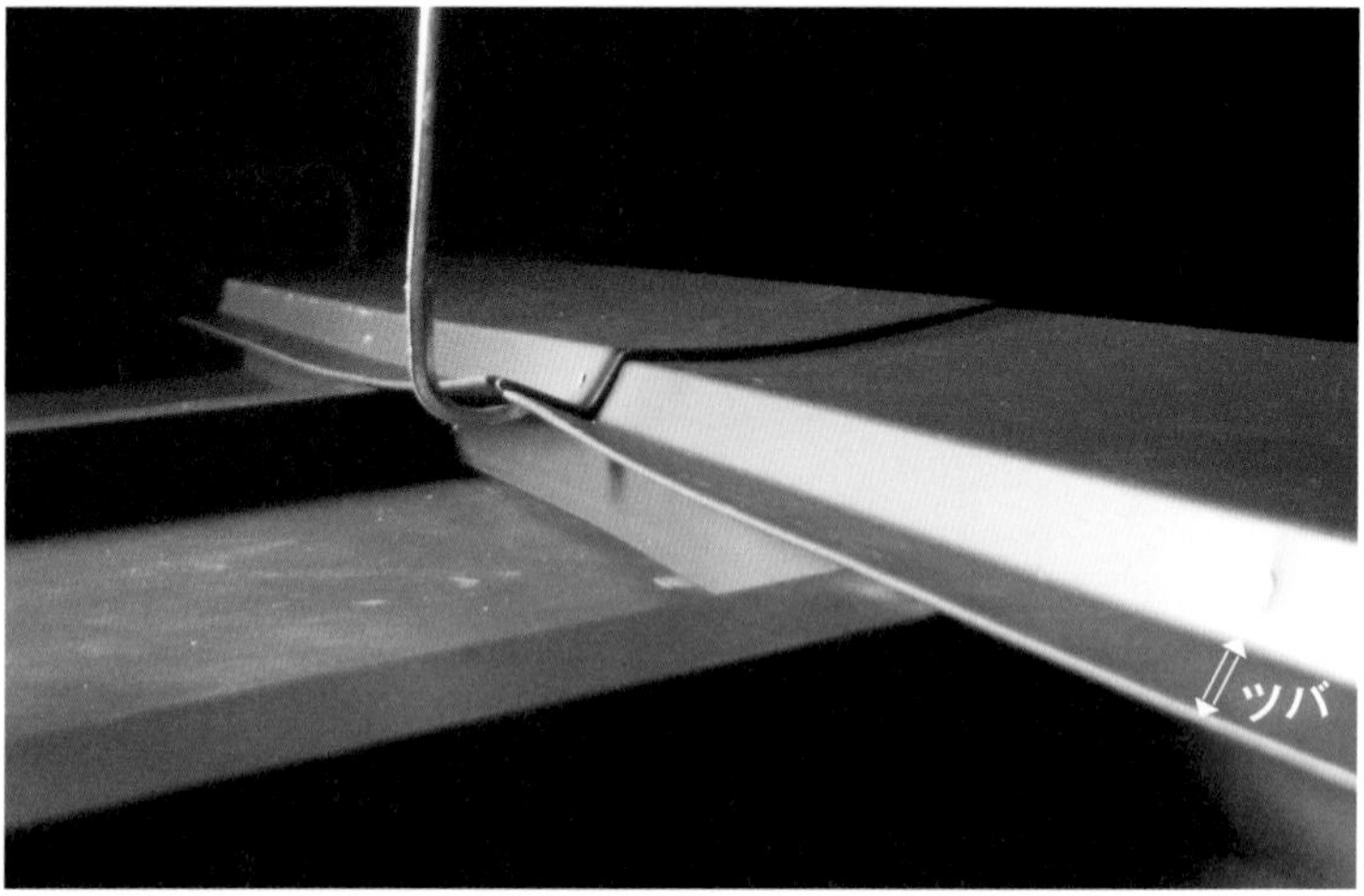

棟板金の引張試験の様子
棟板金の端部（ツバ）が変形した状態が続くのは、手や工具を使い人為的に持ち上げた時のみ。強風による変形は一時的なもので、もとに戻ることがわかった。

認されたものの、荷重を無くすと金属特有のスプリングバックにより元の形状に戻りました。端部だけの変形が残存する状態が再現できたのは、手や工具を使い人為的に持ち上げた時のみでした。

つまり、金属材の曲げ加工品である棟板金は、その曲げ形状からも端部だけが強風により一時的に持ち上がることはあっても、変形したままの状態が残存することはないと判断できました。

4 雪止め金具の変形を検証する

この実験は保険会社から依頼を受けて行ったものです。化粧スレートに取り付けられた雪止め金具が「強風により上を向いた状態に変形した」、「積雪により水下側に倒れるように変形した」との被害申請があり、行った実験です。

❶風洞実験で変形の状況を再現

風洞実験では様々な雪止め金具を化粧スレートモックアップに取り付け、風向きを水下側正面、斜め横にセットして、ジェットエンジン送風機により強風（風速100m／sまで）を当て、その状態を確認しました。

風洞実験では風速60m／sまでは各種の雪止め金具は風により小さく振動するものの変形には至りませんでした。しかし、風速60m／sを超えると振動は大きくなり、風速100m／s付近では化粧スレート屋根材の破損・飛散と同時に雪止め金具も大きく変形しました。

この結果により雪止め金具単体の変形は台風程度の強風では発生せず、雪止め金具付近の屋根材が破損・飛散した際にのみ変形が発生することが確認できました。

❷引張試験で積雪の影響を調べる

積雪量の少ない関東地域でも、雪止め金具の変形が雪害例として保険申請されるということから、雪止め金具については、風洞実験のほか、引張試験も実施しました。

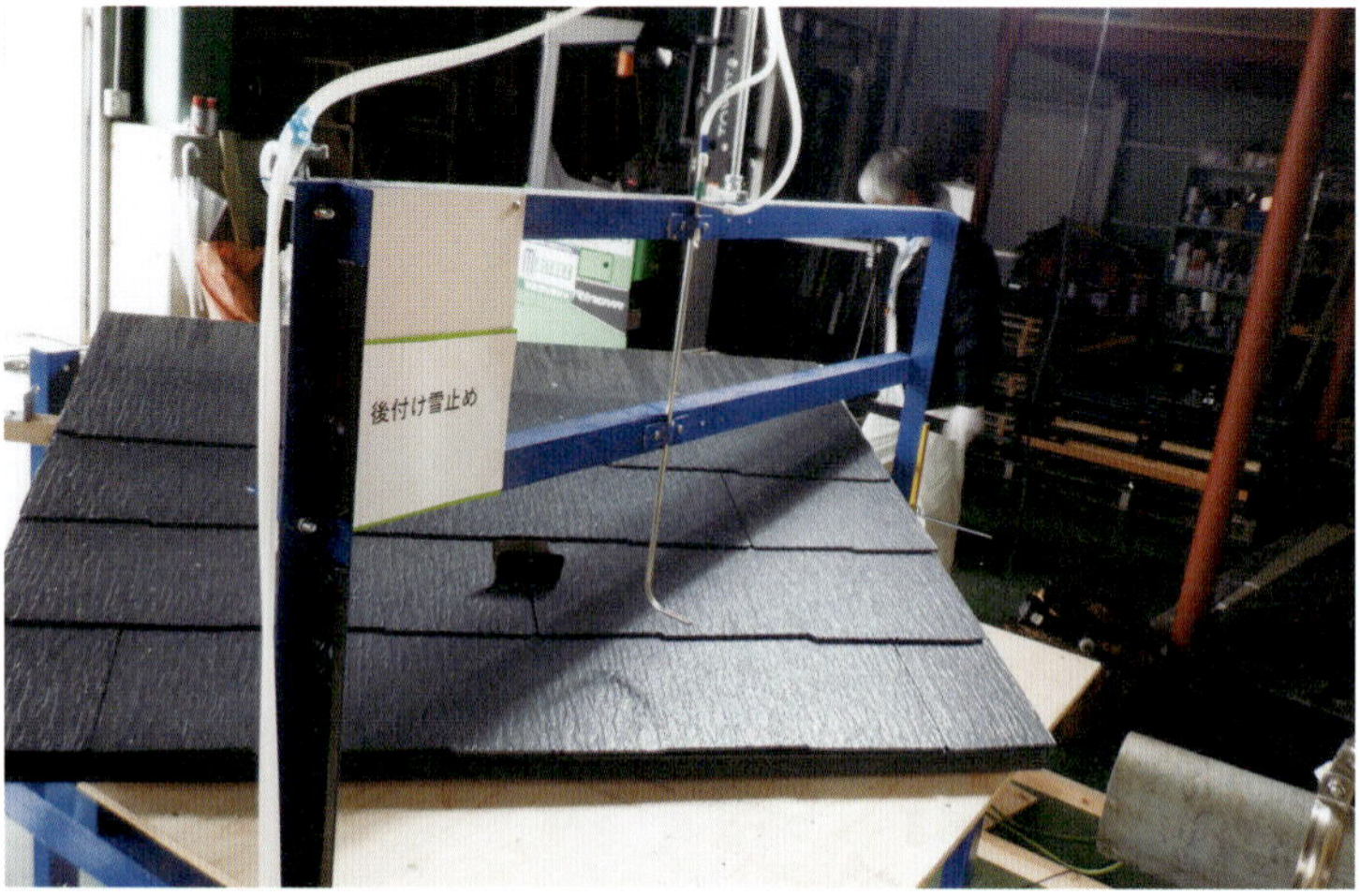

雪止め金具の風洞実験の様子
化粧スレートに雪止め金具を取り付けて、風洞実験を実施。雪止め金具単体の変形は台風程度の強風では発生せず、雪止め金具付近の屋根材が破損・飛散した際にのみ変形が発生することが確認できた。

種類＼風速	先付け シンコロ　先付 旧品名：S-100　スーパー新型コロニアル　先付 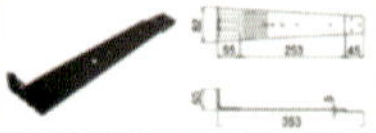	後付け シンコロ　後付 旧品名：S-155　スーパー新型コロニアル　切妻（後付） 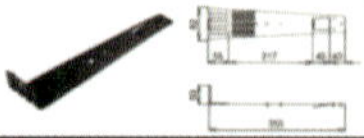	富士型 富士型　C型　24型 
60　m／s	・小さい振動 ・試験後の雪止金具の 変形　⇒なし	・小さい振動 ・試験後の雪止金具の 変形　⇒なし	・大きく振動 ・試験後の雪止金具の 変形　⇒なし
100　m／s	・屋根材破損と同時に 雪止金具も大きく変形	・屋根材破損と同時に 雪止金具も大きく変形	・大きく振動 ・屋根材破損なし

雪止め金具の風洞実験の結果一覧
３種類の雪止め金具について風洞実験を実施したところ、風速60ｍ／sまでは変形が発生しなかった。

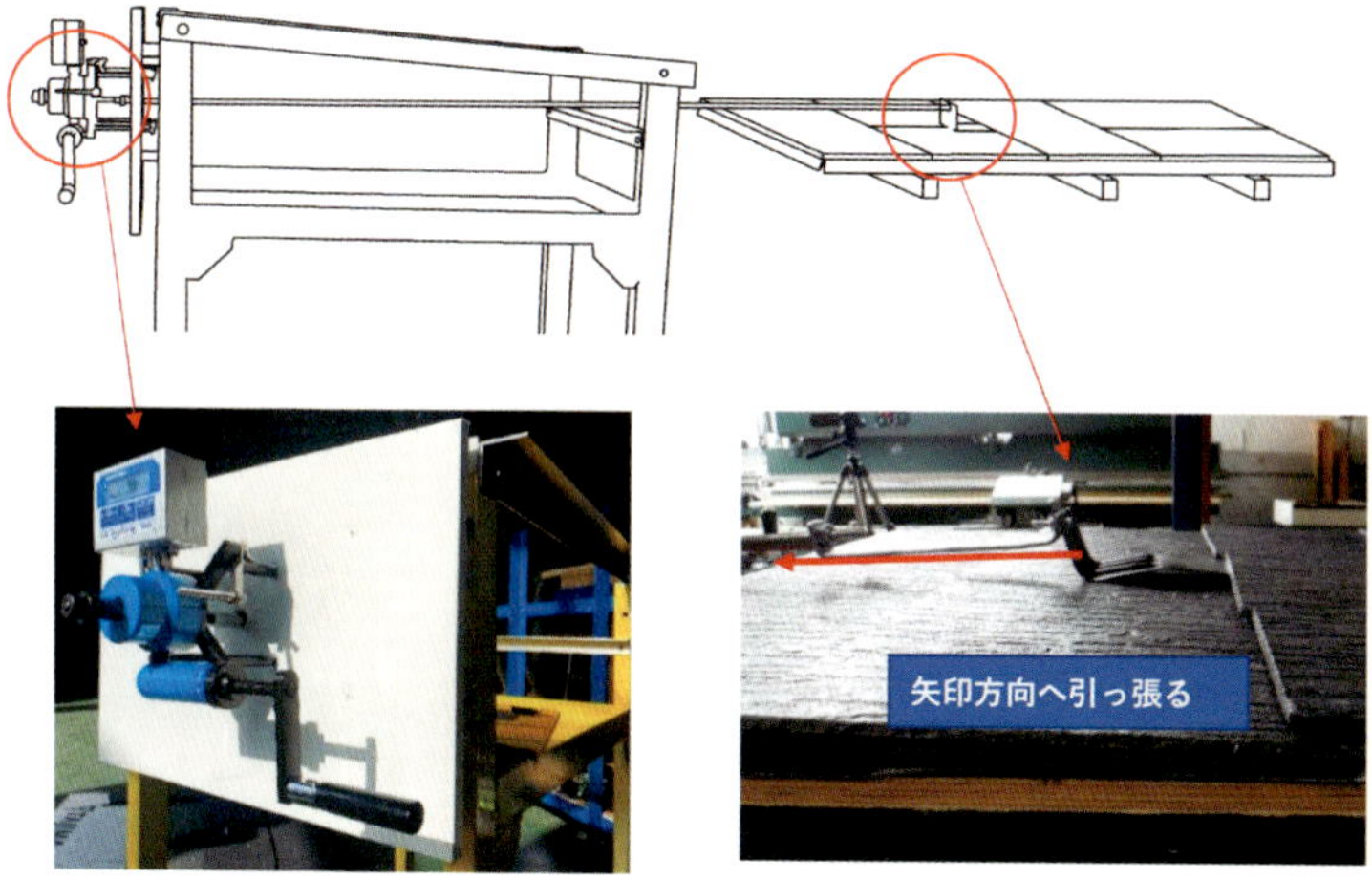

雪止め金具の引張実験の様子
ａ部の持ち上がりとｂ部の倒れについて、変形を計測した。

引張試験では化粧スレート先付け用、後付け用、富士型の３種の雪止め金具を化粧スレートモックアップに取り付けて試験体を用意。屋根上の積雪による雪止め金具への荷重を想定して、水下方向より引張荷重を掛け、その雪止め金具の状態と変形寸法を確認しました。

その結果、３種類の雪止め金具の形状、板厚、リブ加工により差は生じるものの、変形寸法測定位置では、水下側に１５００Ｎまでの荷重では大きな変形は発生しませんでした。しかし、１５００Ｎを超えると変形寸法想定位置の「ａ部：持ち上がり寸法」では、先付け用と後付け用の雪止め金具では変形寸法11〜13㎜の変形が発生。以降は、約２５００Ｎ付近まで荷重を掛けても、それ以上の変形は発生しませんでした。

このａ部での変形は、帯部の中間部から立ち上がり部にかけてはリブ加工により強度的に強く、リブ加工の無い帯部が強度的に低いため、荷重を掛けた際に、リブ加工有無の境界（ａ部）で持ち上がりの変形が発生したようです。

雪止め金具の立ち上がり部の「ｂ部：倒れ寸法」では、先付け用、後付け用とも約１５００Ｎの引張荷重より20㎜程度、約２３００Ｎでは28㎜～30㎜程度変形するという結果になりました。

しかし、ｂ部の計測値からは立ち上がり部が倒れたように変形したと見えるものの、実際には帯部と立ち上がり部はリブ加工により強度的にも強く、角度（≒90度）はほぼ変わりません。そのため強度的に低い帯部中央のａ部（リブ加工有無の境界）で、持ち上がりが発生しました。

富士型雪止め金具の場合は、正面の立ち上がり部の下部に水下側に向けて突起があることにより、水下側に荷重を掛けた際には、突起が屋根材に接して倒れ防止となります。そのため、帯部の巾《はば》は狭くリブ加工もないものの、２５００Ｎの引張荷重を掛けても持ち上がりや倒れの変形は発生しませんでした。

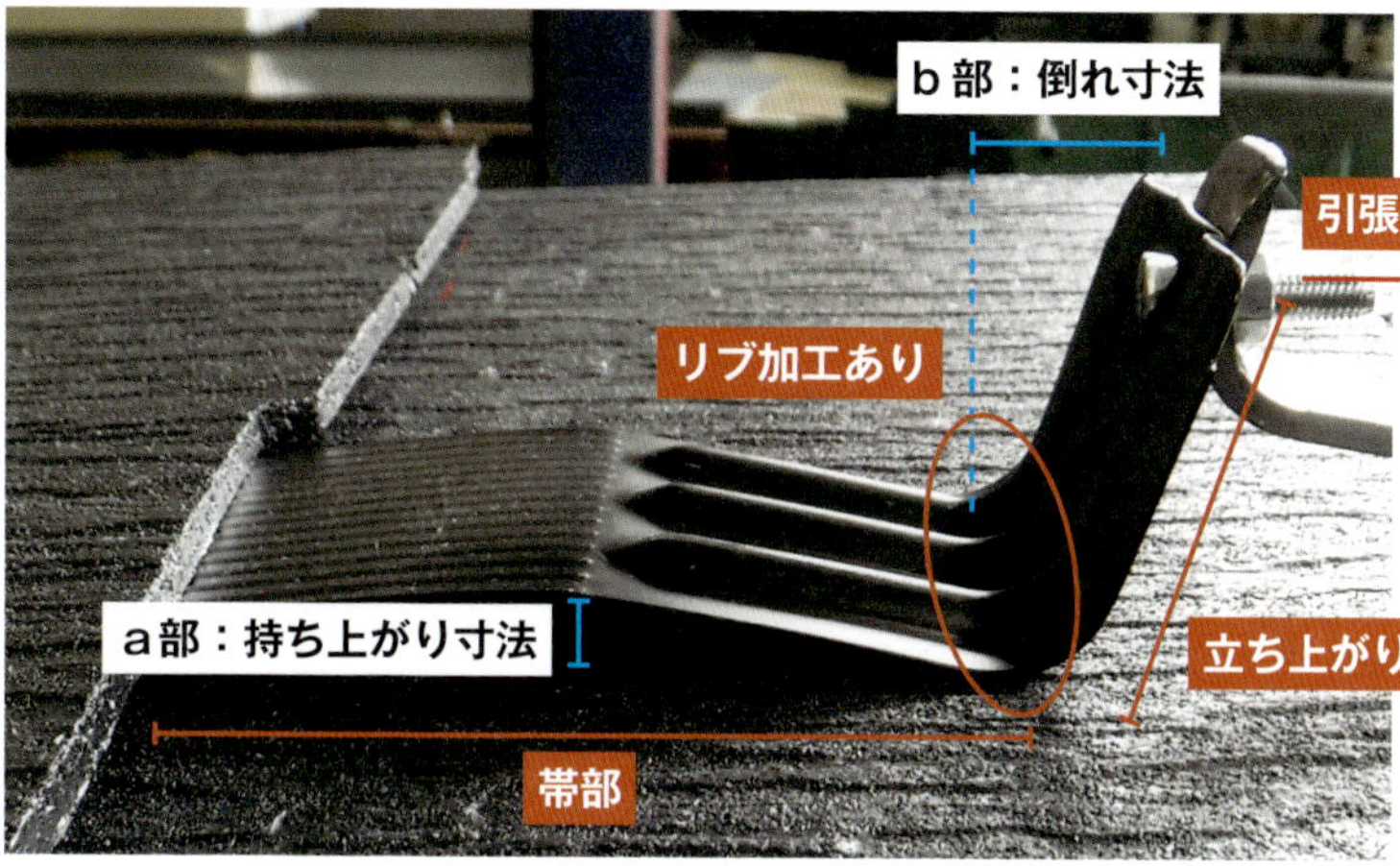

水下側に引張荷重を掛けた際の、a部の変形（持ち上がり）計測値

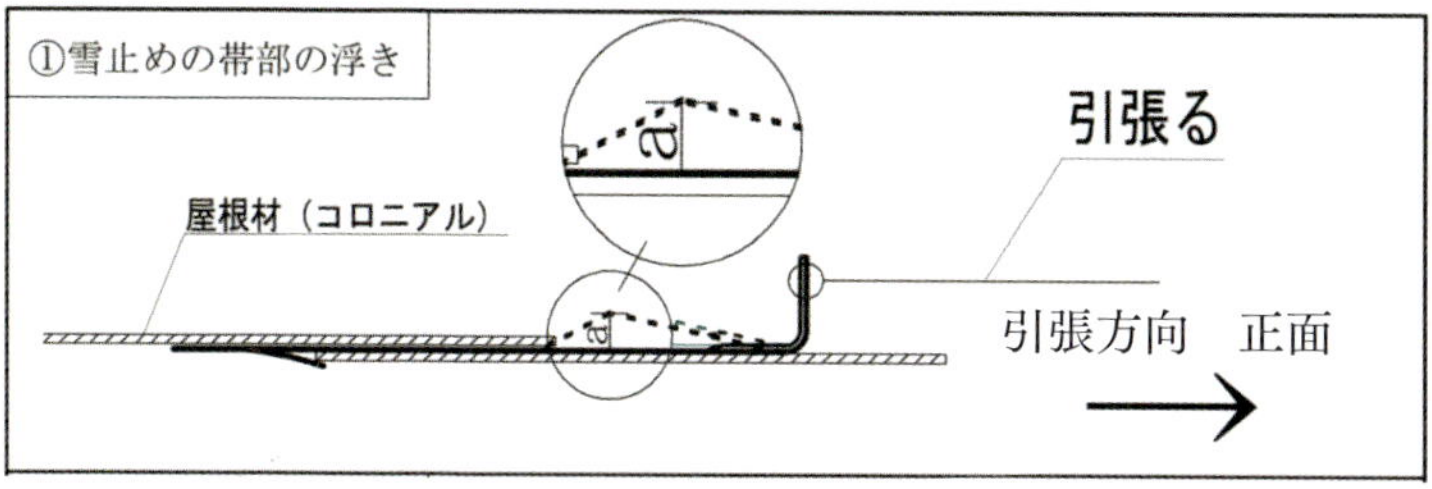

試験体／N値	1816N	2202N	2510N
シンコロ先付	12mm	12mm	12mm
試験体 /N 値	1516N	1858N	2352N
シンコロ後付	11mm	13mm	13mm
試験体 /N 値	1530N	2032N	2523N
富士型 C 型 24 型	0mm	0mm	0mm

水下側に引張荷重を掛け、雪止め正面（立ち上がり）b部の変形（倒れ）計測値

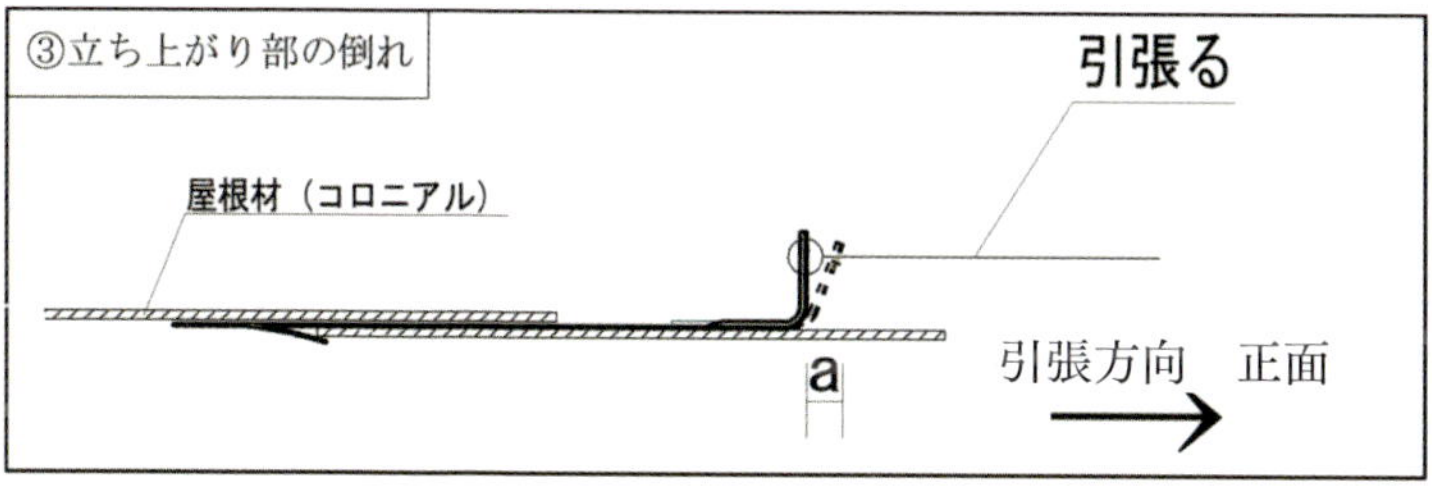

試験体 /N 値	1816N	2202N	2510N
シンコロ先付	22mm	27mm	30mm
試験体 /N 値	1516N	1858N	2352N
シンコロ後付	20mm	24mm	28mm
試験体 /N 値	1530N	2032N	2523N
富士型 C 型 24 型	0mm	0mm	0mm

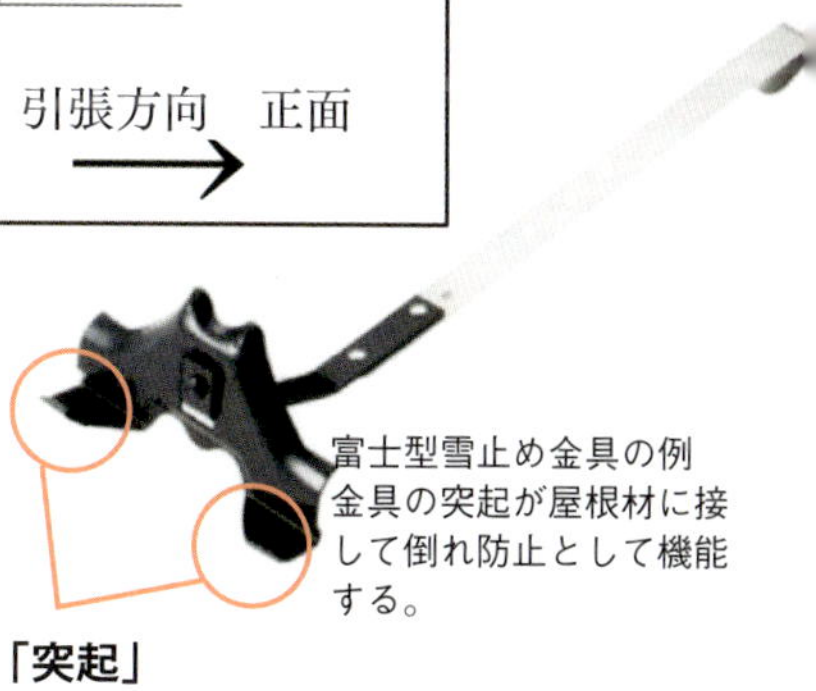

富士型雪止め金具の例
金具の突起が屋根材に接して倒れ防止として機能する。

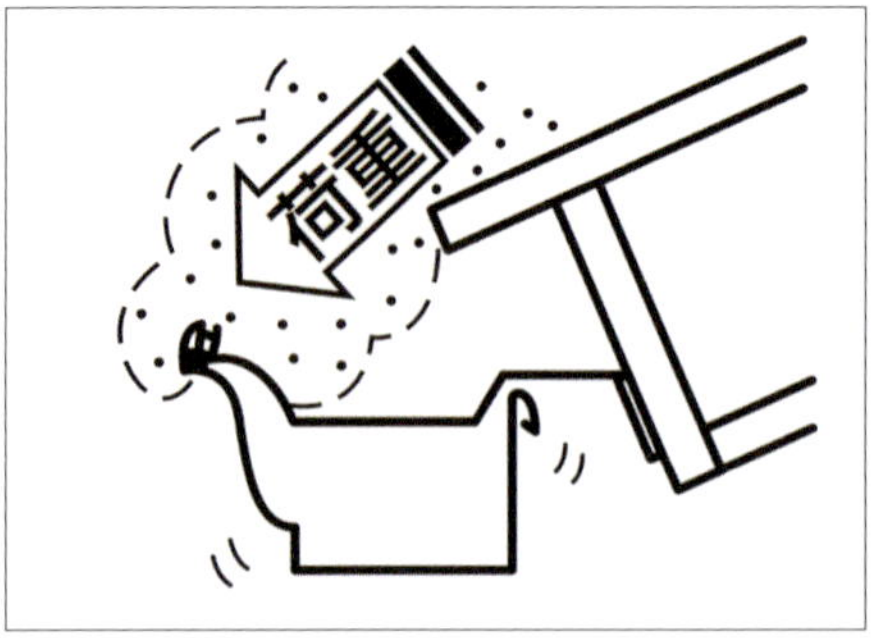

積雪による軒樋変形実験イメージ1

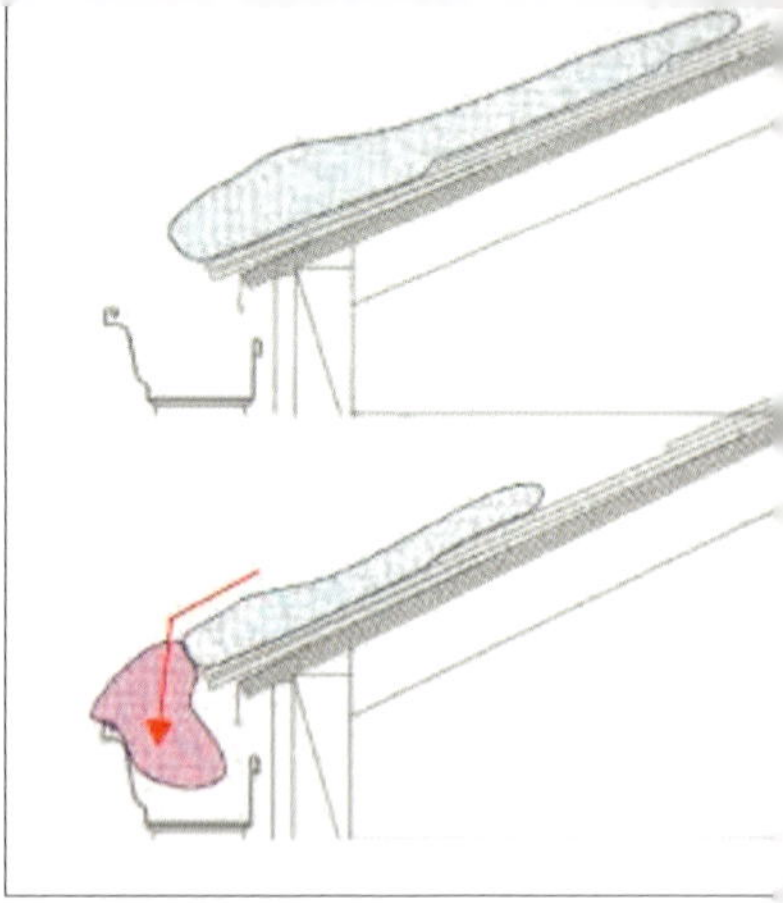

積雪による軒樋変形実験イメージ2

屋根に積もった雪が軒樋に落ちてきた状態を想定。積雪相当の砂を載せて、その変形寸法を計測した。

5 積雪による軒樋《のきどい》の変形を検証する

❶実験のプロセス

軒樋の積雪による変形についても、保険会社の依頼により実験を行いました。まず積雪1㎝における軒樋に加わる重量を設定した後、雪を想定した砂にて勾配屋根より軒樋に荷重を掛けることで、想定積雪量時の軒樋の下がり変形寸法、開き変形寸法を計測しました。

軒樋には一般的な住宅用角型軒樋の新品、約20年を経過した半丸軒樋を用意。それぞれの樋吊り金

●実験における設定

①屋根に加わる積雪荷重（重量）

⇒積雪 1cm／m² a=30N/m²

⇒積雪 1cmあたり約 3kg／m²

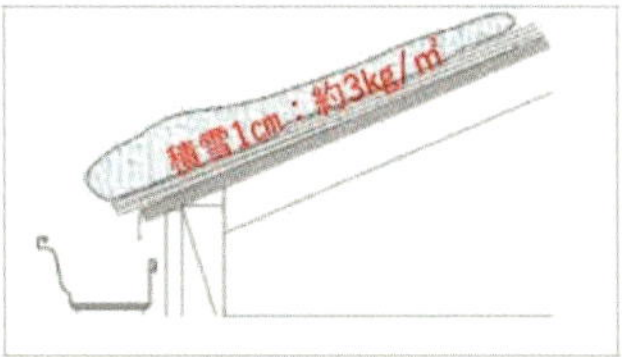

②直接軒樋荷重（重量）

直設軒樋に降り積もった雪の荷重（重量）

計算時における樋底巾

⇒塩ビ軒樋　底巾＝100mmにて計算

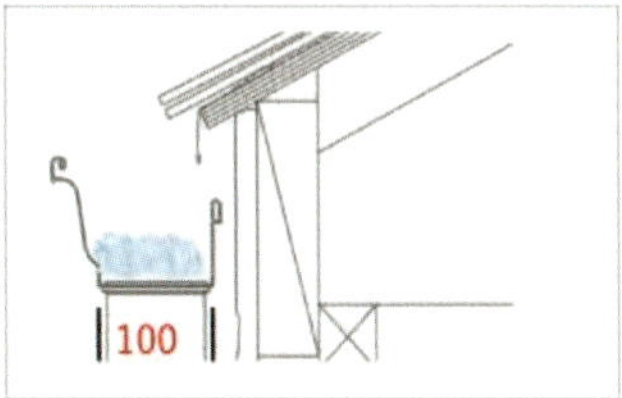

③屋根面より軒樋に加わる荷重（重量）

⇒事前実験により（写真参照）

⇒軒樋に加わる荷重（重量）＝屋根面の荷重（重量kg／m²）の 1/3（33・3%）にて計算

総重量10kgに対し3.7kg＝約1/3

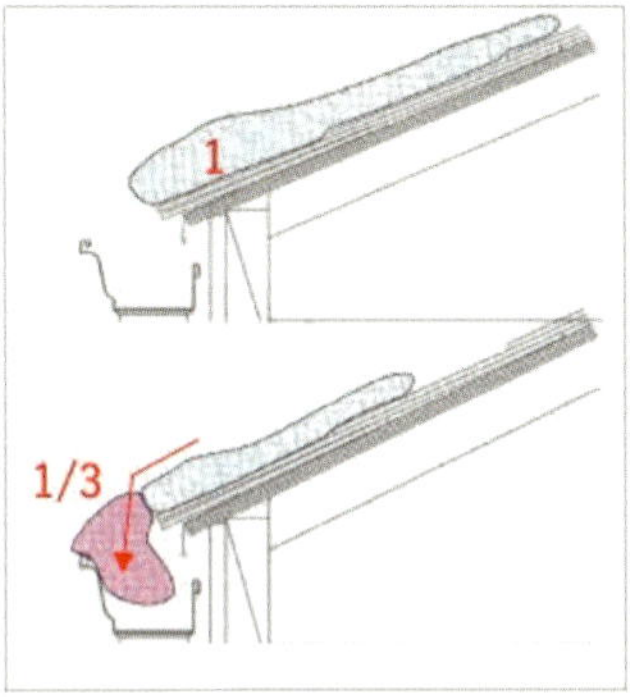

④軒樋に加わる総荷重（重量）

⇒②直接軒樋荷重（重量）

＋

③屋根面より軒樋に加わる荷重（重量）

⬇

※軒樋に加わる総荷重（重量）

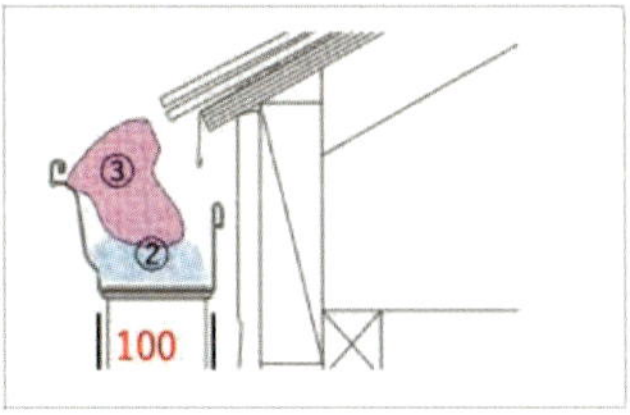

●測定内容・位置

〈下がり　変形寸法〉

・荷重を掛けない状況と④にて想定される軒樋に加わる総重量を軒樋に加えた際に軒樋の下がり寸法を計測。

その後、荷重（砂）を取り除き再度下がり寸法を確認し、荷重を掛ける前の状態からどれくらいの寸法変化が残存するかを計測。（戻り寸法）

〈開き　変形寸法〉

・荷重を掛けない状況と上記（3－④）にて想定される軒樋に加わる総重量を軒樋に加えた際に軒樋の開き寸法を計測。

その後、荷重（砂）を取り除き再度開き寸法を確認し、荷重を掛ける前の状態からどれくらいの寸法変形が残存するのかを計測。（戻り寸法）

具の取り付けピッチを変えて実験を行いました。また荷重を掛けて変形した後に荷重を取り除いた際の変形寸法である「戻り寸法」も計測しました。

その結果、角樋では、積雪量5～40㎝／㎡相当の想定積雪荷重を加えると、軒樋に「下がり」・「開き」の変形が確認できるものの、荷重を取り除いた際の「戻り」の変形寸法は極めて小さく、おおむね荷重を加える前の状態に戻り、軒樋の機能を損うほどの変形は残りませんでした。

一方、約20年経過した半丸樋では、吊り金具の取り付けピッチ（600㎜・900㎜）によって積雪想定荷重を掛けた際の変形寸法に差は生じるものの、積雪5㎝想定から15㎝想定までの変形寸法に比べ、積雪20㎝想定以上の荷重を掛けた際の変形寸法が著しいということがわかりました。また戻り変形寸法についても、積雪15㎝相当までは荷重を取り除いた後は、おおむね元の形状に近い状態に戻りました。

一方、積雪20㎝相当を超えると、荷重によって変形した樋の形状が荷重を取り除いた後も残り、元の形状に戻りきりません。

❷実験結果～積雪20㎝以上で変形発生

つまり約20年経過した半丸樋（吊り金具含む）でも、吊り金具取り付けピッチ（600㎜・

実験写真１

実験写真２

実験写真３

９００㎜）のいずれであっても積雪15㎝までは樋の形状・機能は大きく損なわれないということがわかりました。一方、積雪20㎝以上となると荷重による変形も著しく、変形した樋形状が残存することから樋としての機能を損なうこととなることも明らかになりました。

〈実験結果〉

・**角樋**では、積雪量5～40㎝／㎡相当の想定積雪荷重を加えると、軒樋に「下がり」・「開き」の変形が確認できるものの、荷重を取り除いた際の「戻り」変形寸法は極めて小さく、概ね荷重を加える前の状態に戻り軒樋の機能を損うほどの変形は残存しませんでした。

・**半丸樋**（約20年経過）では吊り金具の取り付けピッチ（６００㎜・９００㎜）により、積雪想定荷重を掛けた際の変形寸法に差は生じるものの、積雪５㎝想定から15㎝想定までの変形寸法に比べ、積雪20㎝想定以上の荷重を掛けた際の変形寸法が著しいといえます。また戻り変形寸法についても、積雪15㎝相当までは荷重を取り除いた後は、概ね元の形状に近い状態に戻ります。一方、積雪20㎝相当を超えると荷重により変形した樋形状が荷重を取り除いた後も残存することから樋の機能を損なうこととなります。

●まとめ

・一般的な住宅用塩ビ製角樋（新品）は、過去（２０２４年1月15日）に実施した半丸樋（約20年経過品）における同実験の結果と比較すると、同じ想定垂直積雪量時の荷重では「下がり」・「開き」の変形は確認できるものの変形程度は半丸樋より小さい。また荷重を取り除いた際の「戻り」変形寸法では、半丸樋が大きく変形が残存しているのに対し、角樋は「戻り」変形寸法が極めて小さい。実験結果より角樋では積雪量40㎝までは樋機能は損なわれず、半丸樋（20年経過品）では20㎝を超えると変形も著しく、その変形は残存し樋機能を損なう結果となりました。

角樋　吊り金具　@６００㎜　　測定値

●想定垂直積雪量　5cm・10cm・15cm

	想定垂直積雪量	5cm			10cm			15cm		
	①屋根面積雪重量	15.0kg/㎡ (150N/㎡)			30.0kg/㎡ (300N/㎡)			45.0kg/㎡ (450N/㎡)		
	②直接軒樋積雪重量	1.5kg/m (15N/m)			3.0kg/m (30N/m)			4.5kg/m (45N/m)		
	③屋根面から軒樋への重量	5.0kg/m (50N/m)			10.0kg/m (100N/m)			15.0kg/m (150N/m)		
	④軒樋に加わる総重量	6.5kg/m (65N/m)			13.0kg/m (130N/m)			19.5kg/m (195N/m)		
	計測位置	左	中	右	左	中	右	左	中	右
角樋	下がり変形　寸法(mm)	1.0	2.0	3.0	3.0	4.0	5.0	6.0	7.0	7.0
吊金具	〃　戻り寸法(mm)	0	0	2.0	0	0.5	2.0	0.0	0.5	2.0
@600	開き変形　寸法(mm)	1.0	1.0	1.0	2.5	2.0	1.0	4.0	5.0	3.0
内吊	〃　戻り寸法(mm)	0	0	0	0.5	0.5	1.0	0.5	0.5	1.0

●想定垂直積雪量　20cm・25cm・30cm

	想定垂直積雪量	20cm			25cm			30cm		
	①屋根面積雪重量	60.0kg/㎡ (600N/㎡)			75.0kg/㎡ (300N/㎡)			90.0kg/㎡ (900N/㎡)		
	②直接軒樋積雪重量	6.0kg/m (60N/m)			7.5kg/m (75N/m)			9.0kg/m (90N/m)		
	③屋根面から軒樋への重量	20.0kg/m (200N/m)			25.0kg/m (250N/m)			30.0kg/m (300N/m)		
	④軒樋に加わる総重量	26.0kg/m (260N/m)			32.5kg/m (325N/m)			39.0kg/m (390N/m)		
	計測位置	左	中	右	左	中	右	左	中	右
角樋	下がり変形　寸法(mm)	6.0	9.5	10.0	7.5	11.0	13.0	9.5	12.0	11.5
吊金具	〃　戻り寸法(mm)	0	1.0	2.0	0	1.0	2.0	0.0	1.0	2.0
@600	開き変形　寸法(mm)	4.5	6.0	4.0	4.0	9.0	3.0	4.5	9.0	5.0
内吊	〃　戻り寸法(mm)	1.0	0.5	1.0	1.5	1.0	1.0	1.5	1.0	1.5

●想定垂直積雪量　35cm・40cm

	想定垂直積雪量	35cm			40cm		
	①屋根面積雪重量	105.0kg/㎡ (1050N/㎡)			120.0kg/㎡ (1200N/㎡)		
	②直接軒樋積雪重量	10.5kg/m (105N/m)			12.0kg/m (120N/m)		
	③屋根面から軒樋への重量	35.0kg/m (350N/m)			40.0kg/m (400N/m)		
	④軒樋に加わる総重量	45.5kg/m (455N/m)			52.0kg/m (520N/m)		
	計測位置	左	中	右	左	中	右
角樋	下がり変形　寸法(mm)	12.0	15.0	15.0	13.0	17.0	17.0
吊金具	〃　戻り寸法(mm)	1.0	1.0	2.0	1.0	1.5	2.0
@600	開き変形　寸法(mm)	5.5	11.0	5.0	5.5	12.0	5.0
内吊	〃　戻り寸法(mm)	1.5	1.0	1.5	1.5	1.0	1.5

角樋　吊り金具　@900㎜　　測定値

●想定垂直積雪量　5cm・10cm・15cm

	想定垂直積雪量	5cm			10cm			15cm		
	①屋根面積雪重量	15.0kg/㎡ (150N/㎡)			30.0kg/㎡ (300N/㎡)			45.0kg/㎡ (450N/㎡)		
	②直接軒樋積雪重量	1.5kg/m (15N/m)			3.0kg/m (30N/m)			4.5kg/m (45N/m)		
	③屋根面から軒樋への重量	5.0kg/m (50N/m)			10.0kg/m (100N/m)			15.0kg/m (150N/m)		
	④軒樋に加わる総重量	6.5kg/m (65N/m)			13.0kg/m (130N/m)			19.5kg/m (195N/m)		
	計測位置	左	中	右	左	中	右	左	中	右
角樋	下がり変形　寸法(㎜)	0	4.0	2.5	5.0	6.5	5.0	5.0	6.5	5.0
吊金具	〃　戻り寸法(㎜)	0	0	0	1.0	0	1.0	1.0	0.5	1.0
@900	開き変形　寸法(㎜)	0	2.0	0	0	4.0	1.0	1.0	4.0	1.0
内吊	〃　戻り寸法(㎜)	0	0	0	0	0	1.0	0	0	0

●想定垂直積雪量　20cm・25cm・30cm

	想定垂直積雪量	20cm			25cm			30cm		
	①屋根面積雪重量	60.0kg/㎡ (600N/㎡)			75.0kg/㎡ (300N/㎡)			90.0kg/㎡ (900N/㎡)		
	②直接軒樋積雪重量	6.0kg/m (60N/m)			7.5kg/m (75N/m)			9.0kg/m (90N/m)		
	③屋根面から軒樋への重量	20.0kg/m (200N/m)			25.0kg/m (250N/m)			30.0kg/m (300N/m)		
	④軒樋に加わる総重量	26.0kg/m (260N/m)			32.5kg/m (325N/m)			39.0kg/m (390N/m)		
	計測位置	左	中	右	左	中	右	左	中	右
角樋	下がり変形　寸法(㎜)	8.0	11.0	9.0	10.0	14.0	9.5	12.0	16.0	12.0
吊金具	〃　戻り寸法(㎜)	1.0	1.0	1.0	1.0	1.0	1.0	1.0	1.0	2.0
@900	開き変形　寸法(㎜)	3.0	8.0	2.0	3.0	12.0	2.0	3.0	13.5	1.5
内吊	〃　戻り寸法(㎜)	0	0	0	0	0	0	1.0	0	0

●想定垂直積雪量　35cm・40cm

	想定垂直積雪量	35cm			40cm		
	①屋根面積雪重量	105.0kg/㎡ (1050N/㎡)			120.0kg/㎡ (1200N/㎡)		
	②直接軒樋積雪重量	10.5kg/m (105N/m)			12.0kg/m (120N/m)		
	③屋根面から軒樋への重量	35.0kg/m (350N/m)			40.0kg/m (400N/m)		
	④軒樋に加わる総重量	45.5kg/m (455N/m)			52.0kg/m (520N/m)		
	計測位置	左	中	右	左	中	右
角樋	下がり変形　寸法(㎜)	12.0	15.5	13.0	13.0	18.0	14.0
吊金具	〃　戻り寸法(㎜)	2.0	1.0	2.0	2.0	2.0	2.0
@900	開き変形　寸法(㎜)	3.5	14.0	3.0	5.0	15.0	2.0
内吊	〃　戻り寸法(㎜)	1.0	0	0	1.0	0	1.5

半丸１００　吊り金具　@６００㎜　測定値

	想定垂直積雪量	5cm			10cm			15cm		
	①屋根面積雪重量	15.0kg/㎡ (150N/㎡)			30.0kg/㎡ (300N/㎡)			45.0kg/㎡ (450N/㎡)		
	②直接軒樋積雪重量	1.5kg/m (15N/m)			3.0kg/m (30N/m)			4.5kg/m (45N/m)		
	③屋根面から軒樋への重量	5.0kg/m (50N/m)			10.0kg/m (100N/m)			15.0kg/m (150N/m)		
	④軒樋に加わる総重量	6.5kg/m (65N/m)			13.0kg/m (130N/m)			19.5kg/m (195N/m)		
	計測位置	左	中	右	左	中	右	左	中	右
半丸 吊金具 @600	下がり変形　寸法(㎜)	4.0	4.0	4.0	7.5	8.5	5.0	13.5	15.5	11.0
	〃　戻り寸法(㎜)	0	0	0	0	0	0	3.0	2.0	3.0
	開き変形　寸法(㎜)	2.0	3.0	2.0	3.0	4.0	4.0	4.5	6.0	5.0
	〃　戻り寸法(㎜)	0	0	0	1.0	0	1.0	2.5	1.0	2.5

	想定垂直積雪量	20cm			25cm			30cm		
	①屋根面積雪重量	60.0kg/㎡ (600N/㎡)			75.0kg/㎡ (300N/㎡)			90.0kg/㎡ (900N/㎡)		
	②直接軒樋積雪重量	6.0kg/m (60N/m)			7.5kg/m (75N/m)			9.0kg/m (90N/m)		
	③屋根面から軒樋への重量	20.0kg/m (200N/m)			25.0kg/m (250N/m)			30.0kg/m (300N/m)		
	④軒樋に加わる総重量	26.0kg/m (260N/m)			32.5kg/m (325N/m)			39.0kg/m (390N/m)		
	計測位置	左	中	右	左	中	右	左	中	右
半丸 吊金具 @600	下がり変形　寸法(㎜)	24.0	26.5	17.5	31.0	37.0	26.0	34.0	43.0	28.0
	〃　戻り寸法(㎜)	15.5	12.0	7.0	17	12	8	23.0	27.5	19.0
	開き変形　寸法(㎜)	2.0	4.0	2.0	3.0	7.5	3.5	3.0	8.0	3.5
	〃　戻り寸法(㎜)	0.5	1.0	3.0	3.0	5.0	3.5	3.0	7.0	4.0

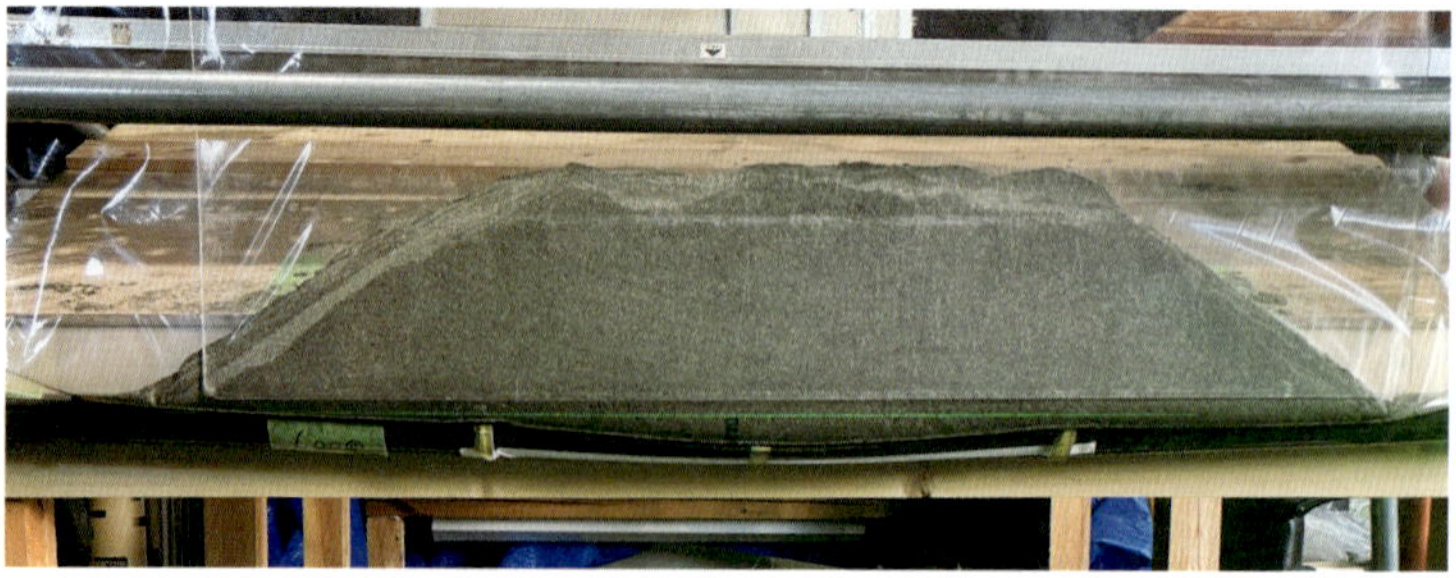

実験写真　想定垂直積雪量：25cm（半丸 100　吊り金具@ 600）

半丸１００　吊り金具　＠９００㎜　測定値

	想定垂直積雪量	5cm			10cm			15cm		
	①屋根面積雪重量	15.0kg/㎡(150N/㎡)			30.0kg/㎡(300N/㎡)			45.0kg/㎡(450N/㎡)		
	②直接軒樋積雪重量	1.5kg/m (15N/m)			3.0kg/m (30N/m)			4.5kg/m (45N/m)		
	③屋根面から軒樋への重量	5.0kg/m (50N/m)			10.0kg/m (100N/m)			15.0kg/m (150N/m)		
	④軒樋に加わる総重量	6.5kg/m (65N/m)			13.0kg/m (130N/m)			19.5kg/m (195N/m)		
	計測位置	左	中	右	左	中	右	左	中	右
半丸 吊金具 @600	下がり変形　寸法(㎜)	4.0	4.0	4.0	7.5	8.5	5.0	13.5	15.5	11.0
	〃　戻り寸法(㎜)	0	0	0	0	0	0	3.0	2.0	3.0
	開き変形　寸法(㎜)	2.0	3.0	2.0	3.0	4.0	4.0	4.5	6.0	5.0
	〃　戻り寸法(㎜)	0	0	0	1.0	0	1.0	2.5	1.0	2.5

	想定垂直積雪量	20cm			25cm			30cm		
	①屋根面積雪重量	60.0kg/㎡(600N/㎡)			75.0kg/㎡(300N/㎡)			90.0kg/㎡(900N/㎡)		
	②直接軒樋積雪重量	6.0kg/m (60N/m)			7.5kg/m (75N/m)			9.0kg/m (90N/m)		
	③屋根面から軒樋への重量	20.0kg/m (200N/m)			25.0kg/m (250N/m)			30.0kg/m (300N/m)		
	④軒樋に加わる総重量	26.0kg/m (260N/m)			32.5kg/m (325N/m)			39.0kg/m (390N/m)		
	計測位置	左	中	右	左	中	右	左	中	右
半丸 吊金具 @600	下がり変形　寸法(㎜)	24.0	26.5	17.5	31.0	37.0	26.0	34.0	43.0	28.0
	〃　戻り寸法(㎜)	15.5	12.0	7.0	17	12	8	23.0	27.5	19.0
	開き変形　寸法(㎜)	2.0	4.0	2.0	3.0	7.5	3.5	3.0	8.0	3.5
	〃　戻り寸法(㎜)	0.5	1.0	3.0	3.0	5.0	3.5	3.0	7.0	4.0

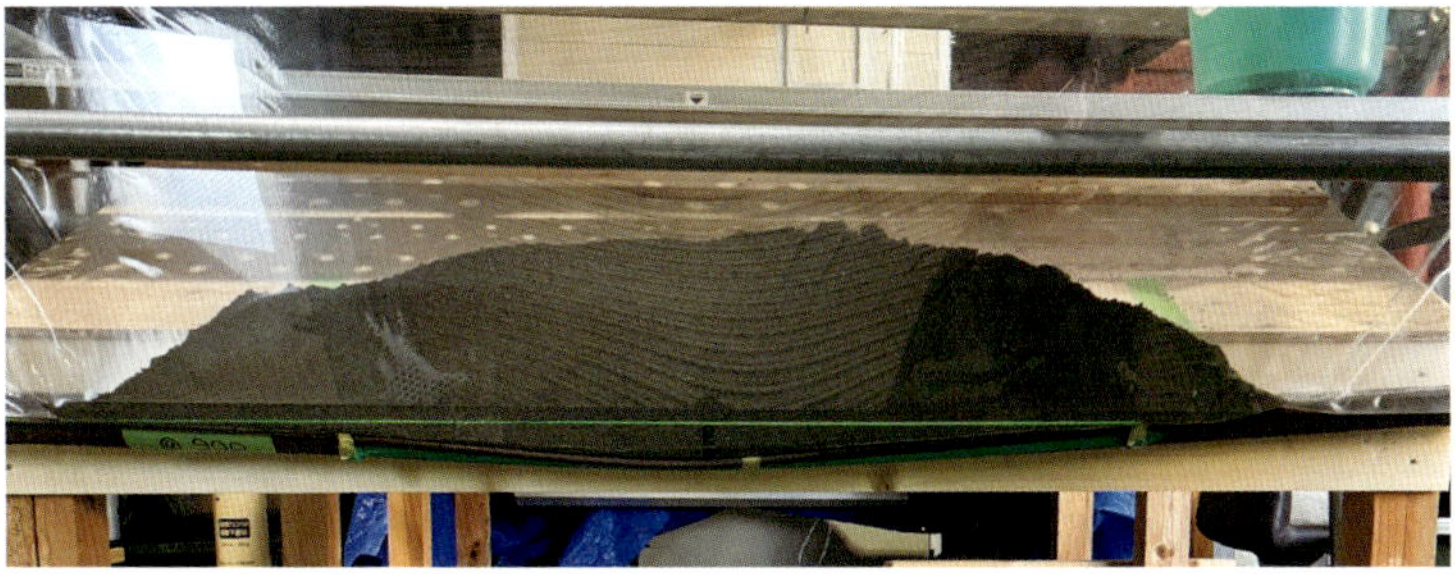

実験写真　想定垂直積雪量：25cm（半丸 100　吊り金具@ 900）

6 日射熱による軒樋の変形はあるのか

❶実験のプロセスとその結果

温度変化による軒樋の伸縮、変形を確認するため、いったん軒樋を冷やし、その後、急激に温度を高めた際に、若干の伸びと変形を確認するという実験も行いました。氷水で4・1℃まで冷やした樋を直射日光と紫外線に当てると、30℃を超えたところで外耳が内側に曲がりました。最終的に42・3℃まで上昇したものの、それ以上の変形は発生しませんでした。

さらに太陽光のカーポートなどによる反射熱を想定し、反射板を設けて樋表面温度を高め変形を確認することも行いました。外気温＋太陽熱＋反射熱によって樋の外側だけ温度が高くなっていくと、樋は外側に向けて膨張。さらに温度が高まり、樋全体に熱が回るようになると、外耳の曲がりは戻っていきました。

❷熱による軒樋変形実験

・さらに太陽光やカーポートなどによる反射熱を想定し、反射板を設け樋表面温度を高め変形を確認しました。

直射日光、反射光にて温度上昇

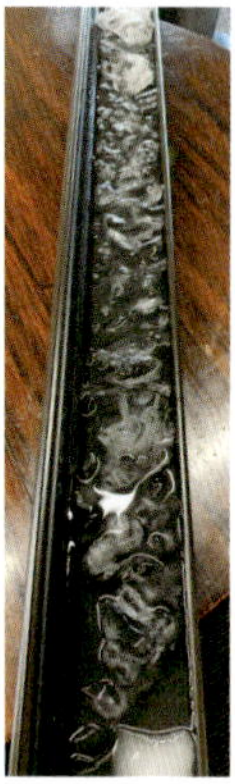

氷水にて温度低下

■試験体仕様：

樋材	エスロン　Σ90（塩ビ）
樋固定	ねじ込み式固定金具で両側から挟み込み固定
冷却方法	軒樋内部に氷水を張り温度を下げる
加熱方法	外気温+太陽熱
試験日天候	快晴　神奈川県綾瀬市　気温32.4°C
試験時間	14時35分～14時56分
反射材	駐車場　アスファルト

■試験結果：総評を下記に示す。試験前・終了時の外観を示す。

試験結果	エスロン　Σ90 塩ビ	樋温度　7.1°C	樋温度　33.2°C	樋温度　42.3°C
		樋外側に結露。変形なし。	外耳が上方向内側へ曲がった。	外耳が上方向内側へ曲がった。
	氷水で4.1°Cまで冷却した樋を外気と紫外線に当て、変化を確認した。30°Cを超えて外耳が内側へ曲がる変形を見せた。最終42.3°Cまで上昇したが、それ以上変化は無かった。			

写真1　変化前

写真2　変化後

試験等結果

■試験装置：モックアップサンプルに設置

■試験内容：軒樋の温度差による変化・変形の確認。（42.3°C～61.8°C）

■試験体仕様：

樋材	エスロン　Σ90（塩ビ）
樋固定	ねじ込み式固定金具で両側から挟み込み固定
冷却方法	軒樋内部に氷水を張り温度を下げる
加熱方法	外気温+太陽熱+反射熱
試験日天候	快晴　神奈川県綾瀬市　気温32.4°C
試験時間	15時05分～15時44分
反射材	ミラーシート（アルミ製）

■試験結果：総評を下記に示す。試験前・終了時の外観を示す。

<table>
<tr><td rowspan="2">試験結果</td><td rowspan="2">エスロン　Σ90
塩ビ</td><td>樋温度　42.3°C</td><td>樋温度　61.8°C</td><td>樋温度　54.5°C</td></tr>
<tr><td>外耳が上方向内側へ曲がった。</td><td>外耳の曲がりが元の直線へ戻った。</td><td>外耳が外側へ曲がり、上方向へ曲がった。</td></tr>
<tr><td>総評</td><td colspan="4">外気温+太陽熱+反射熱で、樋の外側への加熱力を高めた実験を行った。外側のみ温度が高まると、樋は外側へ膨張を始めた。樋の内側と外側の温度が均衡している場合は、樋は内側へ曲がる習性があると考えられる。</td></tr>
</table>

写真1　曲がりが元へ戻った。

写真2　外側へ曲がった。

7 飛来物（石等）による窓ガラスの破損状況を調べる

❶実験のプロセスと内容

保険会社の依頼により、訴訟となった2階建て住宅の窓ガラスが風速20～30m／sで飛来物（石等）による破損、ヒビ割れが発生するのか、またガラス破損が発生する際の風速と飛来物の大きさおよび重量を確認するための実験も行いました。

実験には厚さ3㎜の透明ガラス、大小様々な石等を用意し、ジェットエンジン送風機より風を送り、石等の挙動とガラスに衝突した際の破損・ヒビ割れの有無などを確認しました。

❷実験結果～風速70m／sで約17gの飛来物があると破損する

風速20～30m／sでは、最も大きい石を除き、全ての飛来物がガラスに衝突し、僅かにガラス面にキズは付くものの破損までには至りませんでした。また、風速40～60m／sでは、風速上昇に伴い、全体的に激しくガラス面に衝突し、ガラス面のキズも多くはなったものの、破損までには至りませんでした。

結果、窓ガラスが破損したのは、風速70m／sの風によって約17gの飛来物が衝突した場

●実験素材　想定飛来物（石）

●実験素材　想定飛来物（スレート・瓦　屋根材破片）

想定飛来物として、16 種類の石と 5 種類の屋根材の破片が用意された。

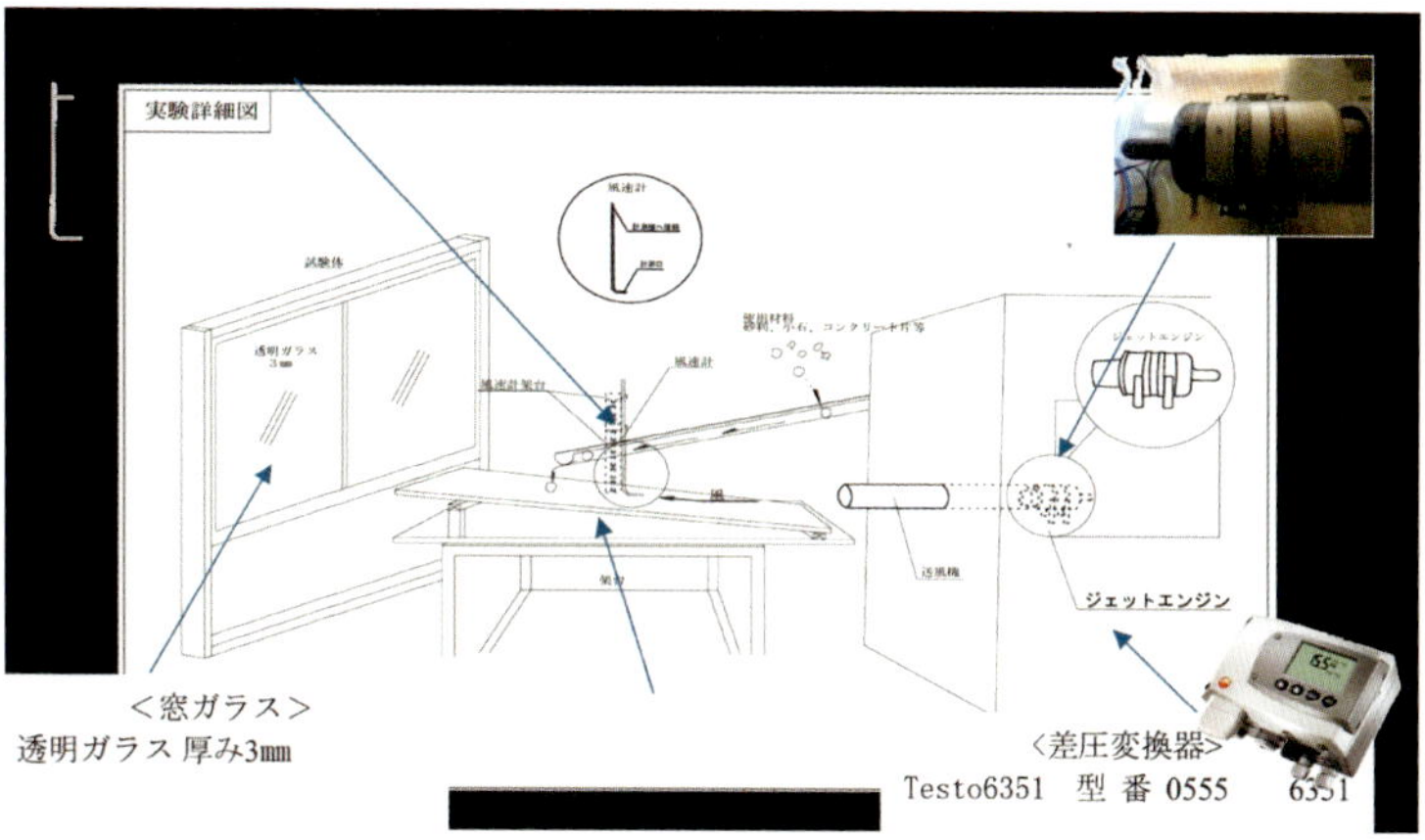

窓ガラス破損実験の様子を表した図
窓ガラスをはめ込んだ試験体にジェットエンジンで送った風に乗せて石などをぶつけて、挙動を調べた。

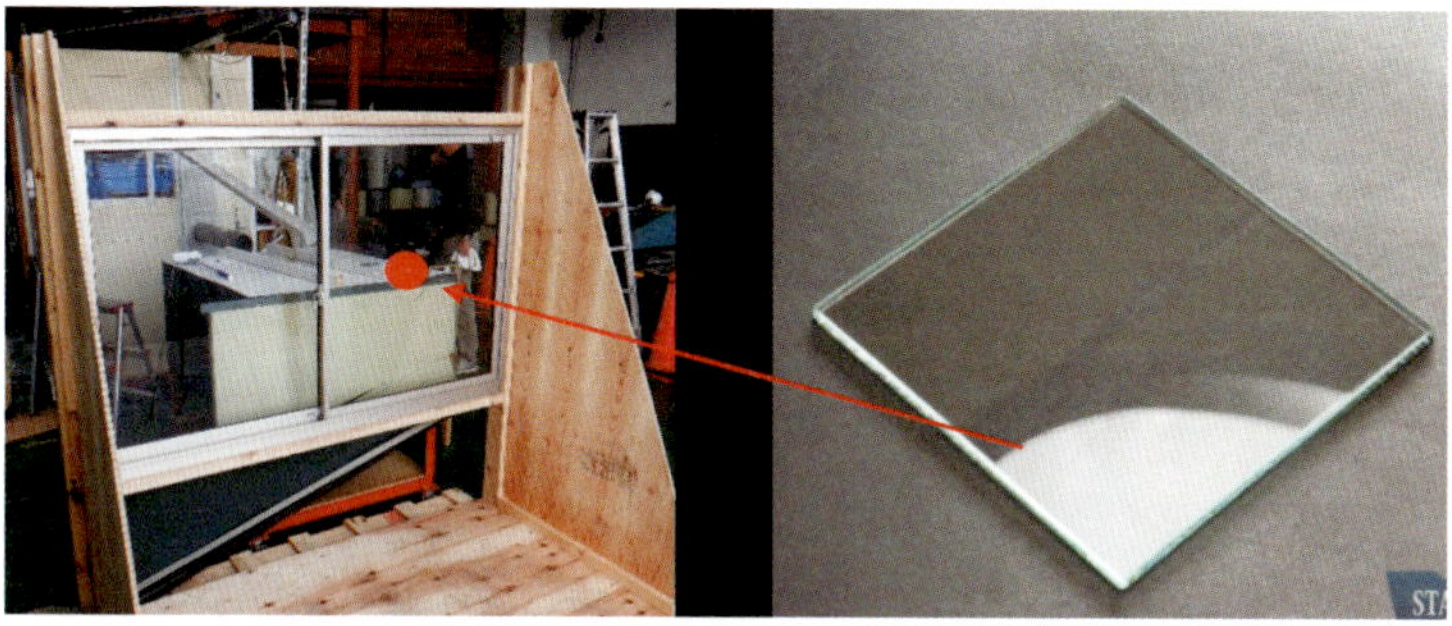

試験体の窓ガラスは厚さ 3㎜ 。縦 83.3㎝×横 77.2㎝のサイズで設定された。

試験体の窓ガラスは厚さ 3㎜。縦 83.3㎝×横 77.2㎝のサイズで設定された。

合でした。同実験結果により、訴訟となった判決も勝訴となりました。

8 降雹《こうひょう》によって屋根材は破損するのか

❶実験の内容とプロセス

近年多く発生する降雹による屋根材破損事故を想定した実験も行いました。様々なサイズ、質量の氷片を用意して、カーポートなどに使われるアクリル板、化粧スレート、瓦、また工場・倉庫等で使われる大波スレートや、棟板金、雨樋など雹災事例の多い屋根材等に高さ11mより氷片を落下衝突。その時の破損の有無、衝突の痕、特徴などを確認していきました。

実際の降雹は上空の高いところから落ちてくるのと同時に風の影響を受けるので、それと同じ条件での実験は不可能ですが、氷片と同程度サイズの鉄球を用いることで質量を大きくして、同等の衝撃を想定するという実験も試みました。

❷実験結果～雹による自然災害の指標を算出

カーポート等に使用されるアクリル板の場合は、氷片（27㎜、14ｇ）にて傷が付き、氷片（47㎜、58ｇ）では破損。野地板の上に施工した新品の化粧スレート（ノンアスベスト）では、最大サ

降雹実験の様子
高さ11mから、降雹を想定した氷片を落下させ、各種の屋根材に衝突させた。

降雹　破損実験（左写真の下部）

雹想定：氷片

氷片	大きさ	重さ	鉄球	大きさ	重さ
	27mm	約 14g		16mm	約 17g
	47mm	約 58g		25mm	約 65g
	57mm	約 88g		30mm	約 112g

雹想定：氷片サイズ　　雹想定：鉄球サイズ

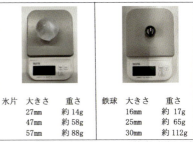

イズの氷片（57㎜、88ｇ）でも大きな破損はありませんでした。

一方、古い化粧スレート（ノンアスベスト）では、元からあったヘアクラック付近に氷片（57㎜、88ｇ）が落下衝突した際のみ、屋根材の割れ破損が確認できました。

新品の塩ビ軒樋の場合は氷片では変化なく、鉄球（30㎜、１１２ｇ）を落とした際に白く衝突痕が残る程度で破損には至りませんでした。しかし、約30年経過した塩ビ半丸軒樋では、氷片（47㎜、58ｇ）で樋底に穴があき破損しました。また、金属製の横葺き屋根材・棟板金では、氷片（47㎜、58ｇ）にてわずかな凹みを確認しました。

大波スレートでは新品、旧品にかかわらず、その屋根形状より氷片、鉄球が衝突した屋根材部位ごとに損傷の程度が違っていました。氷片（57㎜、78ｇ）では山部、谷部への衝突でも変化はありませんでしたが、鉄球（25㎜、65ｇ）が谷部に衝突した際には、新品、旧品とも屋根材に割れが発生しました。その一方、山部であれば鉄球（30㎜、１１２ｇ）が衝突してもわずかに凹みが生じるものの、ヒビ割れや破損は生じませんでした。また大波スレートが破損した場合、その衝突面の裏側は、素材が剥離し損傷部分が広がっていました。

この実験を通して、アクリル板のように素材自体が耐衝撃性の低いものや、古くなった塩ビ製の半丸軒樋などは降雹による破損が発生しやすいことが判明しました。

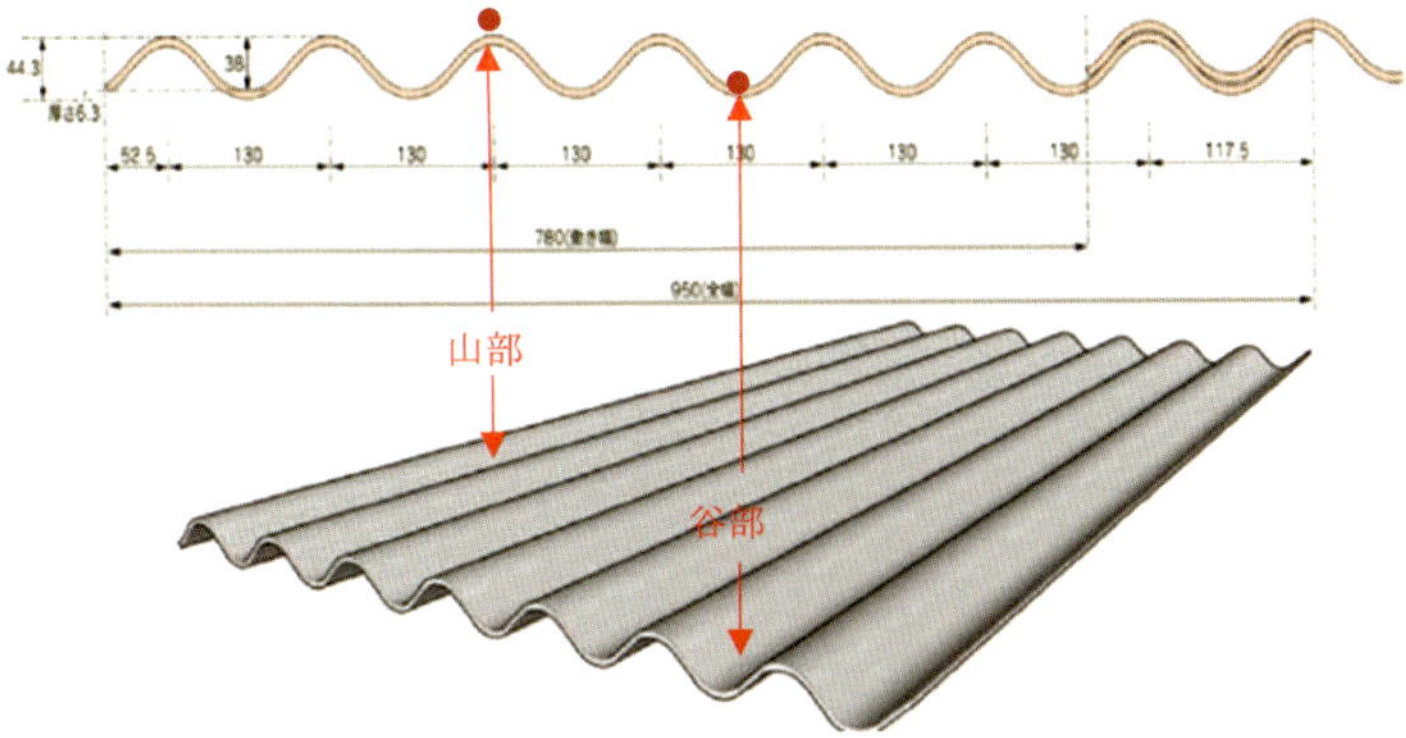

大波スレート　旧品　鉄球（25㎜、65g）

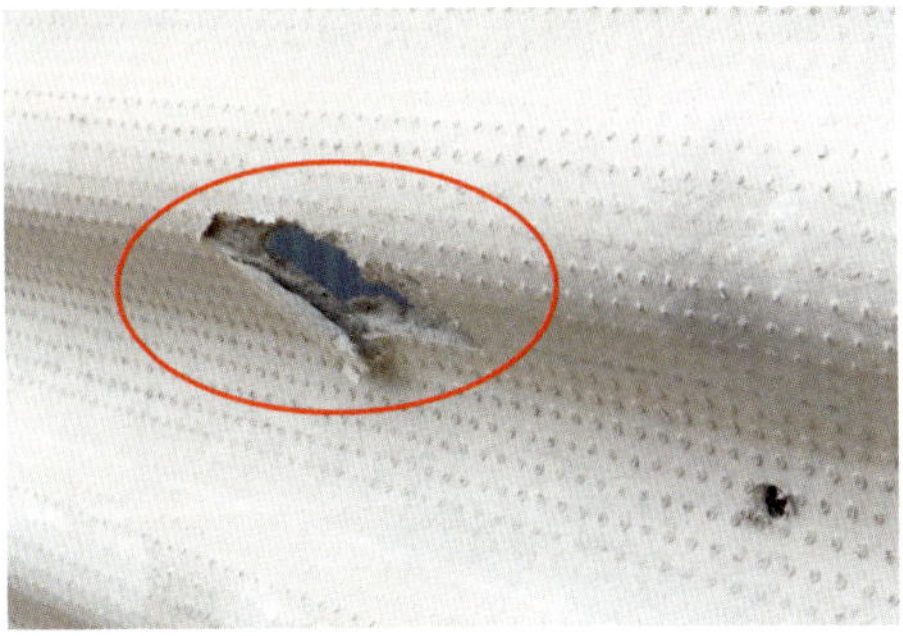

破損時　裏面（屋根材裏面）

また棟板金など金属系製品はその素材特性よりヒビ割れ、割れは発生しないものの、雹の大きさや風向きなどにより、凹みは発生する恐れがあります。また大波スレートでは山部に比べ、谷部に雹が衝突した場合に破損しやすく、衝突面裏側に素材の剥離が発生することが確認できました。

こうした知見は、屋根の損傷について、雹による自然災害か人為的な損傷かを判断する際の指標にもなります。今後に生かせる、大きな収穫が得られた実験でした。

9 屋根材の耐久性を調べる

❶暴露実験の内容とプロセス

現地調査時には、化粧スレート屋根材や瓦屋根の破損・ヒビ割れの状態を多く見かけます。その破損、ヒビ割れが最近発生したものなのか、かなり以前から発生していたものかを保険会社、損害鑑定人から問われる場合もしばしばあります。

その際、私たちが確認するのは、屋根材の経年劣化状態と破損・ヒビ割れの小口《こぐち》です。小口の汚れ、劣化具合によって、比較的新しく発生したものなのか、かなり以前からの破損、ヒビ割れなのかを推測する判断材料を得ることができるのです。

曝露実験の様子
化粧スレートや瓦など屋根材をあえて壊した状態で、日射や紫外線にさらす曝露実験の様子。劣化の進行状態を定期的に記録している。

❷現在の状況

この知見をより正確なものにするため、化粧スレート屋根材や瓦屋根を意図的に破損、ヒビ割れした状態で日射や紫外線にさらす、曝露試験を2021年1月より実施しています。定期的に劣化の状況を記録することで、経過年数によってどのような状態になるのかを具体的に把握することができます。現在もその記録は続けています。

現在、2024年10月（3年9か月経過化粧スレート屋根材）時点では、破損断面に多少の汚れが付着していますが、年数が経過した際に見られるカビは発生していません。

暴露試験レポート（開始後：２年 11 か月経過時）

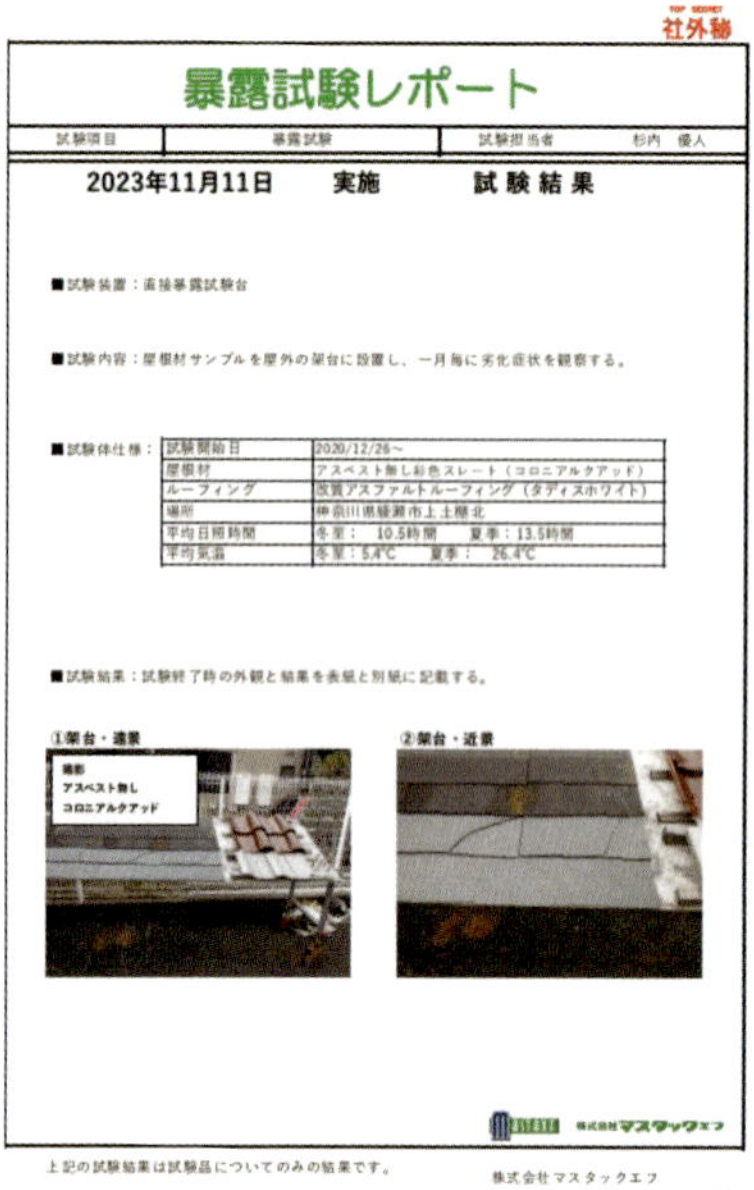

社外秘

暴露試験レポート

試験項目	暴露試験	試験担当者	杉内　優人

2023年11月11日　実施　試験結果

■試験装置：直接暴露試験台

■試験内容：屋根材サンプルを屋外の架台に設置し、一月毎に劣化症状を観察する。

■試験体仕様：

試験開始日	2020/12/26～
屋根材	アスベスト無し彩色スレート（コロニアルクアッド）
ルーフィング	改質アスファルトルーフィング（タディスホワイト）
場所	神奈川県綾瀬市上土棚北
平均日照時間	冬至：　10.5時間　夏季：13.5時間
平均気温	冬至：5.4℃　夏季：　26.4℃

■試験結果：試験終了時の外観と結果を表紙と別紙に記載する。

①架台・遠景

②架台・近景

株式会社マスタックエフ

上記の試験結果は試験品についてのみの結果です。

株式会社マスタックエフ

社外秘

暴露試験レポート

	暴露試験	試験担当者	杉内　優人

ベスト有り彩色石綿スレート（ニューコロニアル）

材本体・遠景

：劣化症状・変化無し

④屋根材本体・近景

結果：劣化症状・変化無し

部・遠景

：劣化症状・変化無し

⑥破断部・断面①

結果：劣化症状・変化無し

部・断面②

：劣化症状・変化無し

⑧破断部（屋根ふき面）

結果：劣化症状・変化無し

結果総評

変化無し

株式会社マスタックエフ

上記の試験結果は試験品についてのみの結果です。

株式会社マスタックエフ

屋根コラム　悪質なリフォーム業者に要注意

近年、消費生活センターからも注意喚起されているのが、悪質なリフォーム業者による屋根の点検商法です。訪問してきた業者が「屋根が傷んでいますよ」などと言って屋根に上り、家人らが見えない場所で道具類を使いわざと屋根を傷つけて写真を撮り、「火災保険がおりれば自己費用の負担なく工事できる」などと工事の請負契約を迫る、というのが共通する手口です。

台風や大雨のあとには、雨漏りを補修すると言って、その場限りの簡単な処置だけで高額な請求をする、というケースも報告されているようです。

屋根は建物のなかでも重要な部位ですから、訪ねてくる業者には安易に屋根に上らせずに、行政機関や家族、知人、場合によれば他の修理業者、保険会社や代理店に相談することも必要です。高額な費用を請求されないよう信頼と納得のできる修理業者に、点検・補修を依頼するようにしましょう（巻末資料４－１、４－２参照）。

第5章

損害保険会社の現場調査の現状

Current Status of On-Site Surveys by Property and Casualty Insurers

ここまで記したように、弊社では、ジェットエンジン購入を契機に100m／sを超える風洞実験をはじめ、様々な屋根材・役物・金具等の引張強度実験、衝撃試験、さらには雪止め金具の変形実験、樋材の変形・暴露実験を積み重ね、風力、積雪荷重実験を通じて屋根材がどのように変形・変化していくかの推移の計測やその確認を進めてきました。

また特殊な事例実験では、窓ガラスの破損状況の確認で、石の体積と風速の関係を割り出しました。調査は、窓ガラスの破損発生時の風向き及び風速と石の体積の因果関係の究明にまで及び、損害保険会社の依頼に対する実験結果報告を、訴訟上のエビデンスとして提出して勝訴した案件があります。また長期間の実験を必要とする各窯業製品のヒビ割れ面の暴露試験を現在も継続して行っています。

一連の風洞実験を進める中で、「この程度の風では変形しないだろう」と私たちが経験則で認識していたことが、実験上で計測された数値によって裏付けられ、そうした確かなデータを駆使することで客観的な証明が可能となりました。

近年では損害保険各社と連携が進み、適切な損害の発生原因の報告やその認定を行ってほしいとの調査依頼が増加しています。実証実験に基づく「実験報告書」の作成や損害保険会社が裁判所へ提出する「意見書」・「見解書」の依頼も増加しています。

今後もこの傾向を踏まえ、適切な損害の発生原因に関わり、保険契約者、一般消費者の保護を目指した業務を進めていきます。こうした取り組みは、社会貢献の一助として、これからも積極的に注力していきたいと考えています。この章では、そのほか安全対策の姿勢、今後の展開などについて、ご紹介します。

1 損害保険会社の現場調査の現状

保険会社からの災害現場の調査依頼が増えてきたのは２０１１年頃からです。特に災害時の屋根損害の調査が増加しました。その後も徐々に増え続け、２０２４年8月には累計で３万６０００件を超え、年間では最高６０００件を超えた年もありました。

最近では、損害の発生機序、形状、程度等、多くの疑問のある屋根や窓・シャッター・外壁等についての損害の発生原因の調査依頼が増えてきました。調査手法も多様化（高所カメラの活用、ドローン活用等）してきた結果、従来の定説とされてきた主に屋根損害の発生機序やその損害の有無、程度に大きな疑問を持たざるを得ない事象が多く見つかるようになりました。

特に近年は、台風をはじめとする強風による屋根材のズレ、剥がれ、飛散等の事例が社会問題化しています。それは前述した「特定修理業者問題」といわれるもので、損害保険の契約者との損害保険金（風水害保険金）をめぐるトラブルが後を絶ちません。損害保険で担保される偶発的な事故が疑われるような、人為的要因が介在する損傷が多発するにつれ、損害保険機能の健全性が問われる事態が顕在化しています。

2 損害発生原因の適切な把握に向けて

損害保険会社の調査依頼は、台風のほか、風雪災、雹災を原因とする建物の外装部等の損害のあらゆる部位に及んでいます。

工場、倉庫等の大きな建物では、ドローンを活用して損害の発生原因、同形状、程度等を調べるケースも多くあります。ドローン調査は、高所など調査に危険が伴う場所のほか、草屋根や国の重要文化財指定の建築物のような直接屋根に乗るのが難しい建物、また火災事故の現場調査などにも活用されるようになってきています。

私たちのノウハウや知見が、建築施工のみならず、損害発生原因を適切に把握するというニーズにお応えできるのであれば、嬉しい限りです。

3 損害保険会社と連携した実験研修

弊社では、保険各社の損害サービス担当者・損害保険登録鑑定人に対する研修等のご要望に

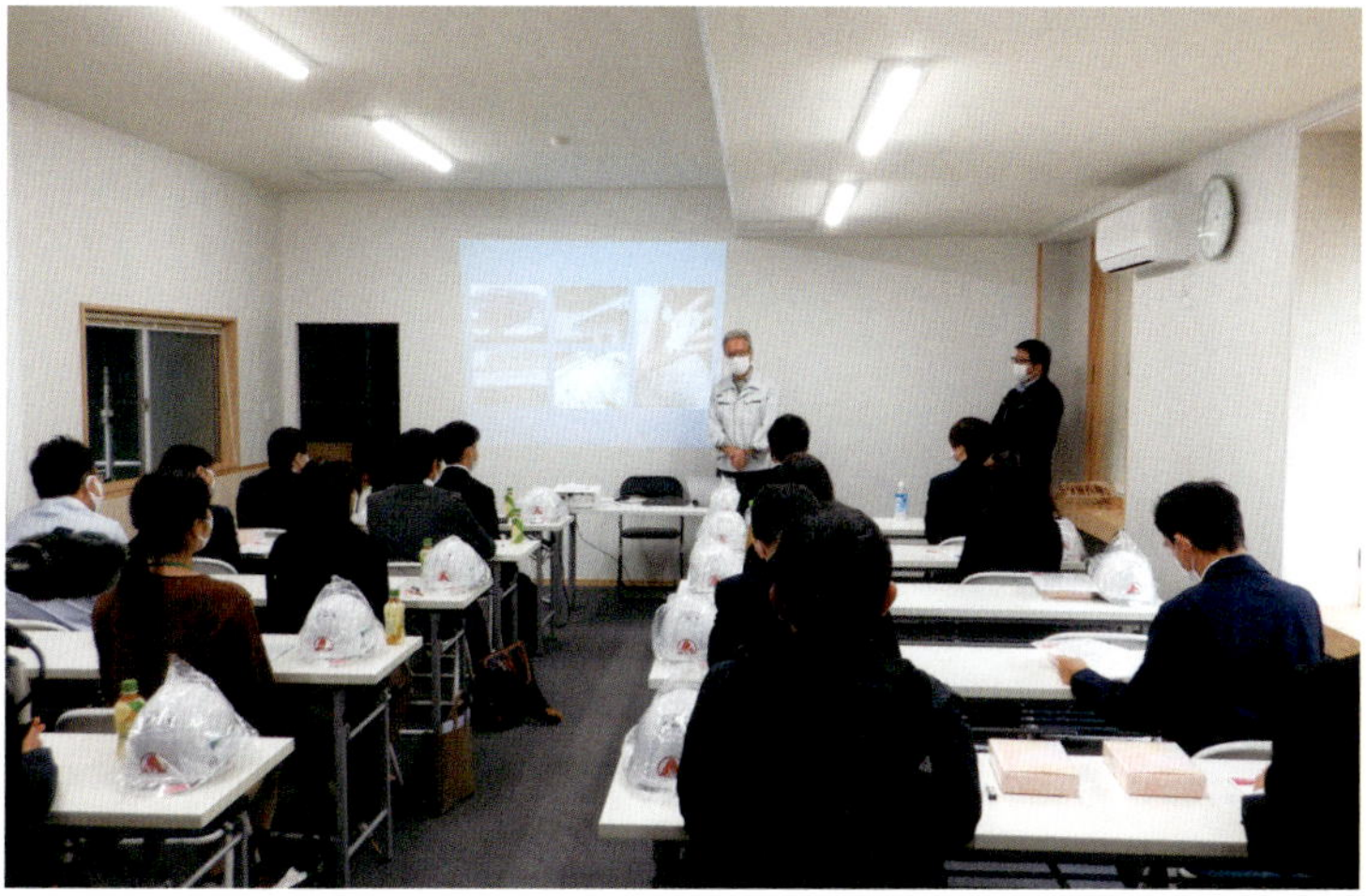

研修時における講義の様子。弊社社員が蓄積してきた屋根に関する見識をレクチャーしている。

弊社の実験施設で実際に屋根被害が発生する仕組みについて説明している。

も幅広く対応しています。台風等の自然災害が原因なのか、人為的要因が疑われる事象か、事実を解明する上ではどのような知識が必要とされ、どこに着目すべきなのか。先入観に左右されないためにも、客観性を備えて調査・鑑定に取り組めるよう、講義の内容や実験等のカリキュラムを整備しました。質の高い研修を提供できるよう、日々努めています。

4 調査時の安全対策

屋根における調査や施工は、高所での作業を伴うことも多く、調査員（作業員）の安全確保は欠かすことができません。調査の場合には、転落時に身を守るために「エアージャケット」を装着して、調査を行います。屋根に上がって事故原因を確認する時間はおおむね30分程度を見込んでいます。また軽微な屋根上作業での転落防止については、厚生労働省の「足場設置が困難な屋根上作業」の作業標準マニュアルに準拠した弊社独自の安全対策を万全に講じることを徹底しています。

5 残された課題に向けて

弊社は、屋根専門会社です。長年培った屋根施工の実績、さらに近年実施している実験の成

転落防止用の器具とエアージャケット

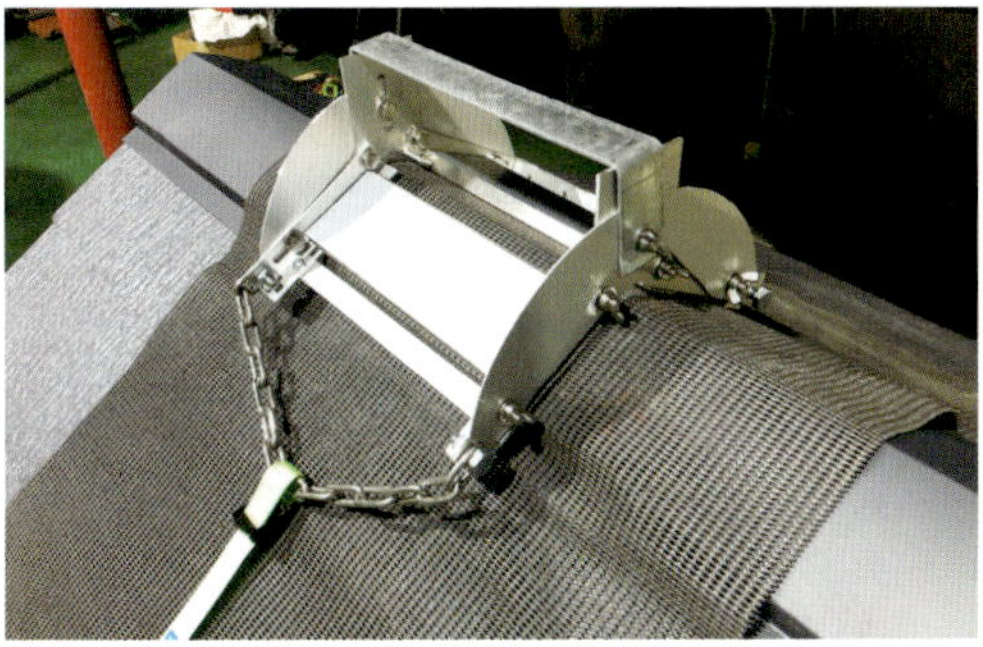

転落防止用の器具

弊社社員の作業の様子。
転落防止用の器具とエアージャケットを
装着して安全性を確保した上で作業にのぞむ。

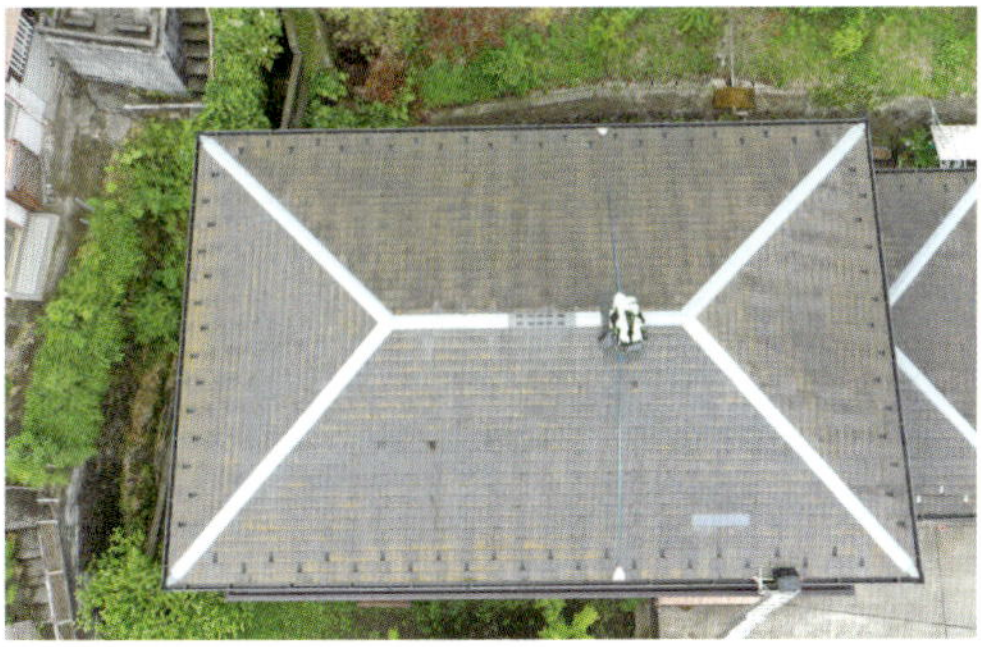

転落防止用の器具の設置状況を
屋根の上空から撮影

果や多くの現場経験から得た経験値を糧として、今後も屋根や建築物の施工品質の向上と一般消費者の保護に貢献していきたいと考えています。

こういった一連の取り組みを積み重ねることで、「内部空間圧力」の影響を考慮した、安全・安心な建築物に関する強度計算の具体提案を、各関係団体、関連業界、さらには学識経験者らにも働きかけを進めていきたいと考えています。今後とも関係各位の一層のご支援、ご協力いただきますようお願い申し上げます。

〈巻末資料〉

1. 令和元年台風 15 号（令和元年房総半島台風）にかかる支払保険金（見込み含む）年度末調査結果（一般社団法人日本損害保険協会調べ）

〈車両・火災・新種保険〉

〔２０２０年３月末現在〕

	車両保険(商品車含む)		火災保険		新種保険(傷害保険含む)		合計	
	台数(台)	支払保険金(千円)	証券件数(件)	支払保険金(千円)	証券件数(件)	支払保険金(千円)	件数(件)	支払保険金(千円)
北海道	9	8, 203	203	617, 410	68	7, 028	280	632, 641
青森県	0	0	35	80, 174	0	0	35	80, 174
岩手県	0	0	48	602, 139	0	0	48	602, 139
宮城県	2	236	104	177, 184	9	12, 218	115	189, 638
秋田県	0	0	21	39, 104	2	120	23	39, 224
山形県	3	420	115	115, 436	2	18, 458	120	134, 314
福島県	31	12, 020	279	280, 113	13	27, 701	323	319, 834
茨城県	2, 297	1, 251, 674	26, 057	26, 558, 714	476	407, 167	28, 830	28, 217, 555
栃木県	81	46, 481	1, 038	894, 927	41	18, 677	1, 160	960, 085
群馬県	5	964	339	391, 382	7	1, 987	351	394, 333
埼玉県	486	239, 048	11, 492	9, 022, 412	201	222, 523	12, 179	9, 483, 983
千葉県	26, 773	19, 078, 121	168, 042	242, 660, 413	3, 346	7, 541, 952	198, 161	269, 280, 486
東京都	1, 858	1, 046, 118	48, 496	42, 817, 998	3, 863	4, 944, 917	54, 217	48, 809, 033
神奈川県	4, 789	3, 847, 409	70, 904	85, 929, 149	1, 192	1, 873, 266	76, 885	91, 649, 824
新潟県	2	715	115	176, 230	2	1, 622	119	178, 567
富山県	0	0	43	25, 185	2	2, 216	45	27, 401
石川県	1	257	66	47, 184	2	100	69	47, 541
福井県	0	0	30	25, 919	3	2, 322	33	28, 241
山梨県	4	1, 302	302	245, 288	10	3, 306	316	249, 896
長野県	7	6, 006	158	963, 867	6	2, 827	171	972, 700
岐阜県	5	1, 398	189	193, 190	10	3, 514	204	198, 102
静岡県	398	213, 567	5, 403	7, 408, 273	85	145, 789	5, 886	7, 767, 629
愛知県	13	7, 337	644	746, 487	63	84, 016	720	837, 840
三重県	28	21, 070	309	284, 942	15	10, 443	352	316, 455
滋賀県	2	1, 318	92	68, 099	4	1, 133	98	70, 550
京都府	0	0	161	129, 044	0	0	161	129, 044
大阪府	19	7, 983	706	1, 373, 967	45	7, 967	770	1, 389, 917
兵庫県	6	1, 501	262	523, 446	5	1, 013	273	525, 960
奈良県	1	205	72	64, 117	0	0	73	64, 322
和歌山県	0	0	80	81, 184	6	1, 472	86	82, 656
鳥取県	3	813	6	1, 742	8	188	17	2, 743
島根県	0	0	11	7, 886	1	2	12	7, 888
岡山県	1	632	97	126, 104	2	235	100	126, 971
広島県	4	765	79	76, 881	7	803	90	78, 449
山口県	2	1, 367	70	87, 428	6	5, 282	78	94, 077
徳島県	0	0	60	35, 667	1	2, 000	61	37, 667
香川県	0	0	23	21, 450	0	0	23	21, 450
愛媛県	0	0	34	61, 676	3	23	37	61, 699
高知県	0	0	20	13, 079	2	23	22	13, 102
福岡県	19	4, 798	422	713, 035	20	3, 671	461	721, 504
佐賀県	3	2, 842	51	75, 793	1	99	55	78, 734
長崎県	2	597	70	71, 516	0	0	72	72, 113
熊本県	11	3, 786	88	53, 634	6	716	105	58, 136
大分県	1	291	94	430, 504	2	105	97	430, 900
宮崎県	3	2, 613	32	23, 523	3	191	38	26, 327
鹿児島県	0	0	50	41, 250	7	440	57	41, 690
沖縄県	10	7, 003	53	41, 955	94	10, 002	157	58, 960
合計	36, 879	25, 818, 860	337, 065	424, 426, 100	9, 641	15, 367, 534	383, 585	465, 612, 494

(注1)上記支払台数・件数、支払保険金は見込を含みます。
(注2)「東京都」の値には、調査時に都道府県が不明な値を含みます。

2. 2004年に発生した主な自然災害と被害の状況

2004年に発生した主な自然災害と被害の状況

《風水害》（平成17年3月23日現在）

■台風4号、台風6号（6月）
◇被害状況
死者／2人（静岡県2人）
行方不明者／3人
負傷者／117人、住家の全壊／1棟、住家の半壊／5棟、住家の一部破損／168棟
床上浸水／4棟、床下浸水／45棟
非住家被害／69棟

■新潟・福島豪雨（7月）
◇ 被害状況
死者／16人（福島県1人、新潟県15人）
負傷者／4人、住家の全壊／70棟、住家の半壊／5,354棟、住家の一部破損／94棟
床上浸水／2,149棟、床下浸水／6,208棟
非住家被害／6,980棟

■福井豪雨（7月）
◇被害状況
死者／4人（福井県4人）
行方不明／1人
負傷者／19人、住家の全壊／66棟、住家の半壊／135棟、住家の一部破損／229棟、床上浸水／4,052棟、床下浸水／9,675棟
非住家被害／183棟

■台風10号、台風11号及び関連する大雨（7月）
◇被害状況
死者／3人（徳島県2人、愛媛県1人）
負傷者／19人、住家の全壊／11棟、住家の半壊／22棟、住家の一部破損／61棟、床上浸水／274棟、床下浸水／2,579棟
非住家被害／18棟

■台風15号と前線に伴う大雨（8月）
◇被害状況
死者／10人（山形県1人、香川県5人、愛媛県4人）
負傷者／28人、住家の全壊／16棟、住家の半壊／88棟、住家の一部破損／663棟、床上浸水／400棟、床下浸水／2,326棟
非住家被害／83棟

■台風16号（8月）
◇被害状況
死者／14人（大阪府1人、兵庫県3人、岡山県1人、山口県1人、香川県3人、愛媛県1人、宮崎県2人、鹿児島県2人）
行方不明／3人
負傷者／288人、住家の全壊／35棟、住家の半壊／133棟、住家の一部破損／8,909棟、床上浸水／14,565棟、床下浸水／32,266棟
非住家被害／2,883棟

■台風18号（8月）
◇被害状況
死者／41人（北海道8人、岐阜県1人、島根県1人、広島県5人、山口県23人、愛媛県1人、熊本県1人、鹿児島県1人）
行方不明／4人
負傷者／1,365人、住家の全壊／132棟、住家の半壊／1,396棟、住家の一部破損／65,065棟、床上浸水／1,570棟、床下浸水／6,626棟
非住家被害／5,912棟
※ 広島県、山口県における船舶事故による死者（23人）、行方不明者（3人）を含む

■台風21号と秋雨前線に伴う大雨（9月）
◇被害状況
死者／26人（三重県9人、鳥取県1人、山口県1人、愛媛県14人、沖縄県1人）
行方不明／1人
負傷者／98人、住家の全壊／92棟、住家の半壊／783棟、住家の一部破損／2,007棟、床上浸水／5,193棟、床下浸水／14,412棟
非住家被害／522棟

■台風22号（10月）
◇被害状況
死者／7人（千葉県1人、神奈川県1人、静岡県5人）
行方不明／2人
負傷者／166人、住家の全壊／135棟、住家の半壊／287棟、住家の一部破損／4,509棟、床上浸水／1,561棟、床下浸水／5,485棟
非住家被害／2,022棟

■台風23号（10月）
◇被害状況
死者／95人（千葉県2人、神奈川県1人、岐阜県6人、愛知県1人、滋賀県1人、京都府15人、大阪府1人、兵庫県26人、和歌山県2人、鳥取県1人、岡山県7人、山口県1人、徳島県3人、香川県11人、愛媛県5人、高知県8人、長崎県1人、大分県1人、宮崎県2人）
行方不明／3人
負傷者／552人、住家の全壊／893棟、住家の半壊／7,762棟、住家の一部破損／10,834棟、床上浸水／14,289棟、床下浸水／41,120棟
非住家被害／4,712棟

■11月11日～12日にかけての大雨（11月）
◇被害状況
死者／1人（静岡県1人）
住家の一部破損／4棟、床上浸水／114棟、床下浸水／815棟
非住家被害／4棟

《主な地震等》

■新潟県中越地震
○発生日時／平成16年10月23日　17時56分頃
震央地名／新潟県中越地方［M6.8］
各地の震度／震度7＝新潟県川口町
震度6強＝新潟県小千谷市、山古志村、小国町
震度6弱＝新潟県長岡市、十日町市、栃尾市、越路町、三島町、堀之内町（現・魚沼市）、広神村（現・魚沼市）、守門村（現・魚沼市）、入広瀬村（現・魚沼市）、川西町、中里村、刈羽村
震度5強＝新潟県安塚町（現・上越市）、松代町、松之山町、見附市、中之島町、与板町、和島村、出雲崎町、小出町（現・魚沼市）、塩沢町、六日町（現・南魚沼市）、大和町（現・南魚沼市）、津南町
震度5弱＝新潟県上越市、浦川原村（現・上越市）、牧村（現・上越市）、柿崎町（現・上越市）、頸城村（現・上越市）、吉川町（現・上越市）、三和村（現・上越市）、三条市、柏崎市、加茂市、栄町、湯之谷村（現・魚沼市）、広神村（現・魚沼市）、高柳町、西山町、燕市、弥彦村、分水町、吉田町、巻町、月潟村（現・新潟市）、中之口村（現・新潟市）
福島県只見町、西会津町、柳津町、群馬県片品村、高崎市、北橘村、埼玉県久喜市、長野県三水村
○発生日時／平成16年10月23日　18時11分頃
震央地名／新潟県中越地方［M6.0］
各地の震度／震度6強＝新潟県小千谷市
震度6弱＝新潟県越路町、小国町
震度5弱＝新潟県長岡市、栃尾市、中之島町、与板町、和島村、出雲崎町、堀之内町（現・魚沼市）、広神村（現・魚沼市）、川西町、西山町
○発生日時／平成16年10月23日　18時34分頃
震央地名／新潟県中越地方［M6.5］
各地の震度／震度6強＝新潟県十日町市、川口町、小国町
震度6弱＝新潟県安塚町（現・上越市）、松代町、小千谷町、堀之内町（現・魚沼市）、広神村（現・魚沼市）、入広瀬村（現・魚沼市）、六日町（現・南魚沼市）、大和町（現・南魚沼市）、川西町、中里村
震度5強＝新潟県上越市、浦川原村（現・上越市）、牧村（現・上越市）、三和村（現・上越市）、長岡市、越路町、三島町、与板町、和島村、出雲崎町、小出町（現・魚沼市）、湯之谷村（現・魚沼市）、守門村（現・魚沼市）、塩沢町、高柳町、西山町
震度5弱＝新潟県上越市、松之山町、大島村（現・上越市）、柿崎町（現・上越市）、頸城村（現・上越市）、吉川町（現・上越市）、板倉町（現・上越市）、清里村（現・上越市）、柏崎市、見附市、栃尾市、栄町、中之島町、津南町
群馬県片品村、北橘村、白沢村（現・沼田市）、昭和村
○発生日時／平成16年10月23日　19時45分頃
震央地名／新潟県中越地方［M5.7］
各地の震度／震度6弱＝新潟県小千谷市
震度5強＝新潟県小国町
震度5弱＝新潟県越路町、堀之内町（現・魚沼市）
○発生日時／平成16年10月27日　10時40分頃
震央地名／新潟県中越地方［M6.1］
各地の震度／震度6弱＝新潟県広神村（現・魚沼市）、守門村（現・魚沼市）、入広瀬村（現・魚沼市）
震度5強＝新潟県長岡市、小千谷市、栃尾市、越路町、三島町、堀之内町（現・魚沼市）、小出町（現・魚沼市）、湯之谷村（現・魚沼市）、六日町（現・南魚沼市）、小国町
震度5弱＝新潟県上越市、安塚市（現・上越市）、見附市、栄町、中之島町、与板町、和島村、出雲崎町、大和町（現・南魚沼市）、刈羽村、燕市
福島県只見町
群馬県沼田市、北橘村
◇被害状況／
死者46人（新潟県46人）
負傷者／4,801人、住家の全壊／2,827棟、住家の半壊／12,746棟、住家の一部破損／101,509棟
※一部未確認の非住家分を含む

■浅間山噴火
○ 発生日時／平成16年9月1日　20時02分頃
（浅間山が噴火。噴煙の高さは雲のため不明。火山活動レベル
○ 発生日時／平成16年9月14日　15時36分頃
（浅間山が噴火。灰色の有色噴煙が火口縁上約1000メートルまで上がり東に流れる）
○ 発生日時／平成16年9月23日　19時44分頃
（浅間山が噴火。この噴火に伴い軽井沢測候所では中程度の爆発音と空振を観測）

■紀伊半島沖を震源とする地震
◎発生日時／平成16年9月5日　19時07分頃
震央地名／紀伊半島沖［M6.9］
各地の震度／震度5弱＝奈良県下北山村
和歌山県新宮市

■東海道沖を震源とする地震
◎発生日時／平成16年9月5日　23時57分頃
震央地名／東海道沖［M7.4］（暫定値）
各地の震度／震度5弱＝三重県松阪市、香良洲町
和歌山県新宮市
奈良県下北山村
津波観測値／三重県尾鷲0.6m、和歌山県浦神0.6m、和歌山県串本0.9m

《その他地震　震度5弱以上》

■岩手県沖を震源とする地震
◎発生日時／平成16年8月10日　15時13分頃
震央地名（規模）／岩手県沖［M5.8］

■茨城県南部を震源とする地震
◎発生日時／平成16年10月6日　23時40分頃
震央地名（規模）／茨城県南部［M5.7］

■与那国島近海を震源とする地震
◎発生日時／平成16年10月15日　13時09分頃
震央地名（規模）／与那国等近海［M6.6（暫定値）］

■釧路沖を震源とする地震
◎発生日時／平成16年11月29日　3時32分頃
震央地名（規模）／釧路沖［M7.1（暫定値）］
被害状況／北海道：重傷7人、軽傷45人

■根室半島南東沖を震源とする地震
◎発生日時／平成16年12月6日　23時15分頃
震央地名（規模）／根室半島南東沖［M6.9（暫定値）］
被害状況／北海道：重傷1人、軽傷11人

■留萌支庁南部を震源とする地震
◎発生日時／平成16年12月14日　14時56分頃
震央地名（規模）／留萌支庁南部［M6.1（暫定値）］
被害状況／北海道：軽傷8人

（内閣府、消防庁HP発表資料）

3. 過去の主な風水災害等による保険金の支払い

	災害名	地域	発生年月日	支払件数(件)(注2)	支払保険金(億円)(注2)			
					火災・新種	自動車	海上	合計
1	平成30年台風第21号	大阪・京都・兵庫等	2018年9月3日～5日	857,284	9,363	780	535	10,678
2	令和元年台風第19号(令和元年東日本台風)	東日本中心	2019年10月6日～13日	295,186	5,181	645	－	5,826
3	平成3年台風19号	全国	1991年9月26日～28日	607,324	5,225	269	185	5,680
4	令和元年台風第15号(令和元年房総半島台風)	関東中心	2019年9月5日～10日	383,585	4,398	258	－	4,656
5	平成16年台風第18号	全国	2004年9月4日～8日	427,954	3,564	259	51	3,874
6	平成26年2月雪害	関東中心	2014年2月	326,591	2,984	241	－	3,224
7	平成11年台風第18号	熊本・山口・福岡等	1999年9月21日～25日	306,359	2,847	212	88	3,147
8	平成30年台風第24号	東京・神奈川・静岡等	2018年9月28日～10月1日	412,707	2,946	115	－	3,061
9	平成30年7月豪雨	岡山・広島・愛媛等	2018年6月28日～7月8日	55,320	1,673	283	－	1,956
10	平成27年台風第15号	全国	2015年8月24日～26日	225,523	1,561	81	－	1,642

(注1) 一般社団法人 日本損害保険協会調べ(2024 年3 月末現在)。

(注2) 支払件数、支払保険金は見込みを含みます。支払保険金は千万円単位で四捨五入を行い算出しているため、各項目を合算した値と合計欄の値が一致しないことがあります。

以上

4-1. 悪質リフォーム業者に対する注意喚起の例 1

見守り新鮮情報

訪問したリフォーム業者に「台風で**屋根瓦が浮いている**」と言われ、屋根を見てもらったところ、**写真**を見せられ屋根の**修理**を勧められた。「**火災保険**が下りれば**実費負担なく**工事ができる。保険の**申請**は**無料**で代行する」と言われ、申込書にサインした。その後、知り合いの業者に写真を見せたら**修理の必要はない**と言われた。申込書には「保険適用前に**キャンセル**すると**10万円**かかる」と書かれている。契約をやめたい。

（80歳代　男性）

災害に便乗した悪質な修理業者に注意

ひとこと助言

- 災害に便乗して、不必要な住宅修理を契約させられたという相談が寄せられています。
- 「火災保険が使えるので負担はない」「無料で保険の申請代行をする」などと勧誘されても、すぐに契約しないようにしましょう。
- 災害により被害を受けたら、慌てずに複数の業者から工事の見積もりを取り検討しましょう。
- また、保険の適用対象となるか、申請はどのようにするかを自身が加入している保険会社に確認しましょう。
- 家族や周りの人は、高齢者や障がい者の家に不審な訪問者が来ていないか、気を配りましょう。
- 不安を感じたら、早めにお住まいの自治体の**消費生活センター**等にご相談ください（消費者ホットライン 188）。

本文イラスト：黒崎 玄　　見守り新鮮情報　第371号（2020年8月18日）発行：独立行政法人国民生活センター

4-2. 悪質リフォーム業者に対する注意喚起の例 2

見守り新鮮情報

台風で屋根が破損し**雨漏り**したので、慌てて手元にあったチラシの事業者に電話して来てもらった。応急処置としてブルーシートを掛けてもらい、**屋根のふき替え工事**をしてもらうことになったが約**200万円**と高額だった。もっと安い屋根材を使うようお願いしたが、「これしか扱っていない」と言われた。雨漏りで**困っていた**こともあり**契約**したが、やはり高額なので解約したい。
(70歳代 女性)

慌てないで！ 災害後の住宅修理トラブル

ひとこと助言

- 豪雨や台風など自然災害による被害で、住宅の修理等が必要な場合でも、慌てずに複数の事業者から見積もりを取ったり、周囲に相談したりした上で慎重に契約しましょう。
- 安心して依頼できる事業者について、日ごろから情報を集めておくことも大切です。
- 自然災害が起きた後は、住宅修理や便乗商法などの様々な相談が寄せられます。困ったときは、早めにお住まいの自治体の**消費生活センター**等にご相談ください（消費者ホットライン 188）。

本文イラスト：黒崎 玄　　見守り新鮮情報　第343号（2019年7月30日）発行：独立行政法人国民生活センター

あとがき

この度は拙文に目を通していただき、ありがとうございました。弊社における実験を通して、屋根材等の仕上げ材の飛散原因には「内部空間圧力」が大きく影響していることが判明しました。この事実について皆様はどのようなご見解をお持ちであるか、ぜひご意見を拝聴したいと考えています。

飛散原因究明の取り組みは、私たち「屋根の専門家」としての長年の経験だけでは説明しきれない事象に直面した際の疑問が、その原点でした。実証された「内部空間圧力」による屋根飛散のメカニズムが、今後の建築物の構造及び強度計算上に反映され、より安全で安心な建築物が提供できることを強く願うところです。

過日、宮城県石巻市での現地調査の際、２０１１年3月11日午後2時46分に発生した東日本大震災で大きな被害が発生した石巻市立大川小学校（児童74名、教職員10名が死亡）を慰霊の想いを込め、現地訪問しました。

石巻市では、２０２1年7月より同建物を「震災遺構」として認定、保存することとなりました。次世代に教訓として遺し、決して風化させることなく、今後も繰り返し発生する自然災害に対して、生命と財産を守る大切さを改めて考えさせる意義を感じました。

実際に展示内容を拝見し、悲しみを抱くとともに、自分自身の責任ある行動が多くの人たちの危険を回避し多くの生命と財産を守ることにつながるのだと心に強く響きました。

現地で震災を経験された方々の心底に漂うやりきれない強い怒りや想いには到底寄り添うことはできないかもしれません。しかし、東日本大震災の発生を当事者だけの問題に終わらせるのではなく、数多発生する自然災害に対して、事前に、より安全、安心な手立てを講じることが大切なのではないか、すなわちこれこそが私自身の課題ではないかと考えさせられました。

大津波を想定した日常的な避難訓練や過去の災害経験を踏まえた予防措置などを常日頃から考え、実践する。そうした「備えることの大切さ」の重要性をあらためて実感しました。多くの生命と財産を守り、救うことは、今の時代を生きる人間の責務ではないかと教えられたように思います。

この本でご紹介したように、弊社の実証実験や現地調査等を重ねることで、従来の強度計算や「負圧」の影響というだけでは説明のつかない屋根の飛散という被害には、「内部空間圧力」の影響が無視できないことが判明しました。

この拙本がきっかけとなり、関係者各位が屋根の設計・施工における基準を見直し、多くの建築物の風による被害が抑制されて人命と財産が守られることにつながればと願っています。

末筆ながら本拙本の執筆に際し、問題意識を共有した社員、関係者各位に感謝するとともに敬意を表したいと思います。

株式会社 マスタックエフ
代表取締役 船木主税

◉著者紹介

船木主税（ふなき ちから）

株式会社マスタックエフ　代表取締役　1959年山梨県生まれ

1980年4月　山梨県立桂高等学校卒業後　有限会社船木ガラス建材入社

1985年2月　元旦ビューティ工業株式会社入社

2005年4月　株式会社マスタックエフ　創業　代表取締役就任　（現任）

◉会社紹介

株式会社マスタックエフ

本社：神奈川県藤沢市長後 958-5

TEL：0466-44-4222

綾瀬事業所：神奈川県綾瀬市上土棚北 3-11-1

TEL：0467-77-9900

建設業許可：神奈川県知事（般 -2）第 70125 号

情報セキュリティ：JIS Q 27001：2023 (ISO/IEC27001：2022) 認証取得

◉共同執筆者紹介

四田秋雄（しだ あきお）

株式会社マスタックエフ　顧問　1953年大阪府生まれ

1976年4月　関西学院大学卒業後　(現) あいおいニッセイ同和損害保険株式会社入社

2019年4月　公益社団法人日本損害鑑定協会

2022年11月　株式会社マスタックエフ　顧問就任　（現任）

山崎博之（やまざき ひろゆき）

株式会社マスタックエフ　専務取締役　1969年神奈川県生まれ

1992年4月　産業能率大学卒業後　元旦ビューティ工業株式会社入社

2018年4月　株式会社マスタックエフ入社

専務取締役営業本部長就任　（現任）

空賀正之（くが まさゆき）

株式会社マスタックエフ　取締役　1957年東京都生まれ

1981年4月　早稲田大学卒業後　ミサワホーム株式会社入社

2021年1月　株式会社マスタックエフ入社

取締役管理本部長就任　（現任）

「震災遺構」 石巻市立大川小学校（津波被害校舎）

（宮城県石巻市釜谷字韮島 94）

（あとがき参照、撮影：船木主税）

表紙の写真について

船木家(日向)出生者

山梨県上野原市西原3152

天保六年五月四日生
船木 源三郎
きな

明治九年四月九日生
父 雅樂助
母 すま

主税之助
わあ
すみ
トク
河内之助
正信
勇
長子
とめ

明治三十年四月一日生
父 主税之助
母 りつ

守之助
信司
洋子
相生
並江
萬亀男
壬子
乗行
行子
豊子
元旦
兼治
美知代

大正十二年三月七日生
父 守之助
母 勝子

長男 弥一
次男 甚一
長女 主美
三男 主税

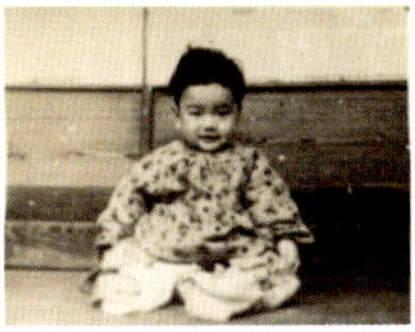

(筆者は守之助、勝子の三男 4兄姉末っ子)

〈建物概要〉

建設時期:1850年頃(江戸時代後期、不明)
撮影時期:1951年頃(守之助、勝子の結婚式)
台風被害:1966年(昭和41年10月) 台風26号
(翌年台風被害により建て替え)

なぜ屋根は飛ぶのか？　実証された本当の理由
——知られざる内部空間圧力の影響

発行日　　2025年3月10日　初版第1刷発行

著　者　　船木主税
発行者　　秋尾弘史
発行所　　株式会社 扶桑社

〒105-8070
東京都港区海岸1-2-20　汐留ビルディング
電話　03-5843-8842（編集）
　　　03-5843-8143（メールセンター）
www.fusosha.co.jp

印刷・製本　　サンケイ総合印刷株式会社

ISBN 978-4-594-09993-0